Deseo con mi corazón que este l
ayude a que su negocio crezca y prospere dándole la actitud
que necesita para tener éxito en la vida.

Recuerde que siempre debe tener una actitud positiva, aun
cuando las cosas no salgan como usted espera.

Es importante saber que de una situación mala o caótica
siempre surgirá algo maravilloso que en el futuro le
beneficiará recordándole de donde surgió sintiéndose
agradecido por lo que le ocurrió.

Siempre trate de relacionarse con personas buenas y
exitosas y eventualmente será igual o mejor que ellas.

Sea agradecido por lo que tiene, ya que usted sin darse
cuenta esta mucho mejor que otra gente.

Siempre tenga una mente abierta para aprender y
considerar cosas buenas.

Ame todo lo que está vivo. La Vida, Dios, y el Universo
le recompensará por hacerlo.

Use el dinero para ayudar a las personas y nunca use a las
personas para conseguir el dinero ya que energéticamente a la
larga pagará por hacerlo.

Los quiero…

Eduardo George

Quiero agradecer de forma sincera a todas las personas maravillosas que he conocido y que han hecho una diferencia en mi vida.

Agradezco también a mis mentores que con su trabajo y aprendizaje se convirtieron en millonarios (por petición de ellos y para proteger su privacidad no puedo mencionar sus nombres) y que compartieron sus secretos de éxito y experiencias de vida conmigo, con buena intención y de corazón para ayudarme a ser una mejor persona, más exitoso de lo que ya era, les expreso mi eterno agradecimiento con mi corazón.

A las personas que amo, a mis familiares, a mis amistades sinceras que no son ricos ni millonarios pero que tienen un buen corazón, les reitero que estoy aquí para apoyarlos, sugerir o recomendar si alguna vez lo necesitan, y sobre todo si quieren mejorar la calidad de su vida.

A cada uno de los lectores que ha comprado mis libros, quiero que sepan que en su contenido encontrarán las mejores intenciones con información y revelaciones que les ayudaran a superar los obstáculos o dificultades que todos encontramos en el transcurso de nuestras vidas, en nuestros negocios pero que al final, dependerá de cada persona si desea implementarlas o no.

Te invito a que visites mi página de internet donde podrás encontrar consejos y buenas recomendaciones que te ayudarán a mejorar la calidad de tu vida y por consiguiente la de tus seres queridos.

www.EduardoGeorge.com

Secretos para atraer, crear y retener

NUEVOS CLIENTES DE POR VIDA

Estrategias, consejos y técnicas para hacer crecer CUALQUIER negocio, hasta en las economías más difíciles

Eduardo George

**Orgullosamente impreso en los EEUU por
George & Associates
Y
El Grupo Legal Del Sur De California Inc.**

ISBN: 978-0-9894400-2-8

Dedicado a:

Mis hijos,

Kimberly Alexandra y
Eduardo Alejandro (Eddie)

Por ser la mejor hija y el mejor hijo
que un padre puede tener.

Los amo

Papá.

A mis padres
Alejandra
Raúl
Pablo
por haberme dado vida al crearme y ser
parte de mi mundo maravilloso.

Los Amo.

A mis abuelos

Alfredo y Romelia
Por darme su apoyo, fortaleza,
buen ejemplo y amor
cuando mas los necesité.

Que Dios Creador, Fuente y Universo
Los tenga siempre en la gloria.
Siempre los llevo conmigo,
en mi corazón...

A mis mentores y amigos que han tenido contribuciones
especiales de conocimiento e información en mi vida.

Al maestro de vocalización, mentor y amigo

El gran
Osvaldo Roval

Por ser siempre una luz
y un mundo de sabiduría en mi vida
Gracias
Lo quiero mucho <3

Índice

11

Introducción

Si usted se encontrara una lámpara mágica y un genio saliera de esta presentándose en su vida dándole la oportunidad de concederle un deseo para cambiar algo instantáneamente sobre la profesión o negocio que usted ha elegido, ¿qué cosa elegiría para cambiar?

¿Pediría que le diera secretos y formulas más sencillas para poder contactar y capturar a más clientes y hacer mas dinero?, ¿le gustaría que estos clientes potenciales lo vieran más que un profesional?, ¿quizá inclusive como todo un "experto" en su área de productos o servicios?

Tal vez usted se considere muy bueno en lo que hace, ¿pero qué tal si lo pudiera hacer aún mejor al momento de hacer presentaciones para que estas fueran más persuasivas y efectivas?

Quizás le gustaría ser más efectivo al momento de cerrar ventas o manejar objeciones que sus clientes puedan darle, ¿pero no cree que después de que los clientes compren sus productos o servicios, debería asegurarse que estos clientes regresen de nuevo, en vez de comprarle y nunca mas regresar? ¿seria importante para usted?

¿Y si sus clientes actuales sintieran que usted es la única persona o el único negocio que los entiende y puede satisfacer de forma efectiva y sincera sus necesidades únicas o especializadas, de una forma individual, cree que seria vital para su negocio?

¿O que tal los referidos? Tome como ejemplo al mejor cliente que tiene ahora mismo. ¿Le gustaría tener más clientes o contactos como él?

¿ Que tal que usted tuviera más clientes de los que pudiera manejar o administrar? ¿Qué sería lo que usted cambiaría para ser una persona de negocios mas exitosa, más feliz y más productiva?

En los capítulos siguientes, discutiremos no solo estas áreas, sino también los factores que son críticos para que usted alcance un verdadero éxito en sus negocios o rama de trabajo.

A través de las páginas de este libro, exploraremos algunas de las ideas más efectivas, métodos y técnicas puestas a prueba en el campo de batalla que han probado ser efectivas y que usted puede empezar a usar inmediatamente para ayudarle a incrementar las ventas, mejorar su negocio, superar algunos de sus problemas y obstáculos más difíciles, ganar un ingreso adicional, tener más tiempo libre y sentir un gusto renovado en el negocio que ha escogido y así convertirlo en una profesión que le de felicidad y no hacerle sentir como si usted fuera solo un esclavo de su negocio o profesión.

Incrementando su productividad

Tanto usted como yo sabemos que no es secreto que todas las cosas en la vida y en los negocios continúan cambiando hoy en día más rápido que nunca.

La vida es mas cara y cada vez mas difícil. Todos los negocios ahora tienen competencia mas fuerte y la mayoría imita lo que hace el que tiene mas éxito.

La tecnología se ha hecho más sofisticada y los consumidores (las personas que compran sus productos o servicios) tienen más educación y son más conscientes, mas exigentes..

Considere que con la amplia variedad de elecciones que sus consumidores y clientes tienen, no solo con productos y servicios parecidos ofrecidos por diferentes compañías sino también de personas individuales, queda claro que entre más profesional y hábil usted sea al momento de satisfacer las necesidades del cliente, tendrá mayor ventaja y más efectivo y exitoso será.

Si realmente va a ser efectivo y exitoso en el mercado moderno, es necesario, incluso vital que cambie continuamente, es importante que usted mejore, se ajuste y actualice sus habilidades de venta, servicios y de una resolución a los problemas, así como también sus métodos de mercadotecnia y operaciones en general de su negocio haciéndolas mas efectivas y mas sofisticadas.

Se ha dicho muchas veces (y no dudo que lo haya escuchado antes) que:

"A la gente no le importa cuánto usted sabe, hasta que saben cuánto ellos le interesan a usted"

Una de las formas más efectivas en que usted puede mostrarle a sus clientes potenciales y clientes actuales lo mucho que ellos valen y significan para su negocio, es ayudándoles a resolver sus problemas de una forma directa, eficaz, satisfactoria, profesional y sin trucos ni engaños.

Considere
nuevos conceptos

Y de esto precisamente es de lo que trata en este libro.

Exponerlo a nuevos conceptos.

Lo escribí con la intención y con el objetivo de ayudarle a convertirse en el mejor hombre o mujer de negocios y permitirle desenvolverse con mas éxito en su rama profesional.

Si no es el mejor, o no hace su mejor trabajo nunca podrá sobrevivir ante su competencia.

Naturalmente, en este libro no afirma ni tampoco se pretende tener todas las respuestas a todos sus problemas de negocios.

Ningún libro, curso o seminario podría hacerlo ya que cada persona tiene diferente capacidad de aprendizaje, diferentes deseos de superación o deseos de triunfar.

Al final solo la persona que decide implementar la información recibida o tomar acción con esta sobrevive en los negocios o logra obtener sus sueños.

En lugar de eso, la intención de este libro es exponerlo a algunas de las ideas, conceptos y técnicas que han sido puestas a prueba, evaluadas y probadas en el campo de trabajo o campo de batalla, y que han funcionado para otras personas de negocio como usted.

Si pone atención a lo que lee, una vez que se familiarice con la nueva información e ideas presentadas en este libro, será su turno de decidir qué ideas pueden ajustarse a la medida de su situación actual o individual de su negocio y cómo empezar a usarlas para ayudar de mejor forma a sus clientes actuales y clientes potenciales.

La meta y la intención de este libro no es intentar convertirlo en un experto de mercadotecnia, (aunque sí se puede lograr si aprende de la persona correcta) sino la meta e intención es proporcionarle las herramientas que los expertos o personas que tienen éxito en sus negocios usan actualmente.

Juntos, exploraremos la mercadotecnia específica, el tipo de ventas, el servicio al cliente y las técnicas que contribuyen al desarrollo de todo negocio y que personas con éxito han utilizado para hacer crecer significativamente sus negocios e ingresos con muy poco esfuerzo adicional.

¡Nunca confunda su actividad con sus logros!

Lo más probable es que le parezca que estas ideas son muy fáciles de implementar y que pueda empezar a usarlas inmediatamente.

Otras ideas podrían tardarse un poco más mientras se hacen las preparaciones. Otras ideas expuestas puede que no sean apropiadas para usted, para su negocio u operación de trabajo.

Eso está bien ya que no es posible proporcionar el 100% de ideas útiles para cada persona, negocio o para cada situación.

Pero si usted lee y pone atención en lo que este libro ofrece, usted logrará encontrar una o varias ideas útiles de las que usted podra hacer uso en su negocio, producto, servicio u operación de trabajo, logrando hacer una diferencia que le ayudara, si eso le ocurre entonces usted y yo hemos triunfado juntos.

Su tiempo, esfuerzo y dinero han sido bien invertidos.

Cómo hacer para recordar información nueva.

Descubrir una idea nueva es una cosa, pero lo que logremos hacer con ella una vez que ha sido descubierta es otra cosa, esto es tan importante como tenerla en primer lugar.

Los estudios sobre cómo el cerebro de un ser humano recuerda información nueva, es indicada utilizando los siguientes porcentajes:

- 10% de lo que se lee,
- 22% de lo que se escucha,
- 37% de lo que se ve,
- 56% de lo que se ve y de lo que se escucha
- 86% de lo que se ve, de lo que se escucha, y de lo que se hace.

Así que una idea que solamente escucha pero que no pone en acción, solo tiene la mitad de probabilidades de ser retenida o recordada por nuestro cerebro, esto es si la idea es comparada con una que solo se escucha y la compara con una idea que sí se pone en práctica.

Con este concepto en mente, es importante entender que si la información presentada en este libro tiene un valor real para usted, no solo debe ser leída la información, sino también aplicada.

Siempre he dicho a lo largo de mi vida sin intención de ofender a nadie lo siguiente :

"El conocimiento no es para los flojos u holgazanes."
E.G.

Es decir, el conocimiento, las ideas, la información nueva debe de ser experimentada, debe de ser puesta en acción y eso implicará algún esfuerzo de su parte. En ocasiones bastante esfuerzo.

En su libro, **La distancia entre el saber y el hacer,** los autores Jeffrey Pheffer y Robert L. Sutton mencionan que cada año, hay 1700 nuevos libros de negocios publicados, $60 mil millones de dólares son gastados en entrenamiento, $43 mil millones de dólares gastados en obtener consejos de profesionales y en nuestras universidades se gradúan 80,000 profesionales con un titulo MBA.

Y aun así, la mayoría de los negocios siguen funcionando día a día de la misma forma que siempre lo han hecho.

Ponga atención en lo que le digo ya que seguiré recalcándolo en todo este libro.

El conocimiento sin acción no es mejor que no tener conocimiento, ¡técnicamente es lo mismo que no saber!

Porque solo con saber no es suficiente. Usted debe hacer **algo con lo que sabe**.

Las ideas presentadas en este libro no son teorías, no son especulaciones ni le dirán qué es lo que "debe" hacer. Tampoco son meditaciones filosóficas. Estas ideas, conceptos y técnicas son usadas actualmente de una forma u otra por propietarios de negocios en todo el país y en muchas otras partes del mundo donde los negocios mas duraderos y exitosos los continúan utilizando. Son puestas a prueba en el campo de trabajo diariamente.

Si funcionan para otros empresarios, entonces también podrían funcionar para usted. Pero tendrá que tomarse el tiempo de estudiarlas, comprenderlas y hacer las modificaciones necesarias para ajustarlas a la medida de su propio negocio, trabajo, productos, servicios, estilo y funcionamiento personal de su empresa. Por supuesto que también deberá implementarlas física y mentalmente a su propio negocio, producto servicio o rama profesional.

Cinco pasos para aprender y retener

El "aprendizaje" (la adquisición de nueva información o conocimiento) y la "retención" (la habilidad de capturar la información y recordarla cuando se quiere o se necesita) son realmente parte de un proceso que implica cinco pasos:

El primero es el **impacto**. Es decir, el hecho de recibir la idea en su mente.

El impacto puede ser en forma de una palabra, una observación visual o un concepto.

No hay diferencia para nuestra mente, ya que la mente no es capaz de hacer distinción entre una experiencia visual o real ni tampoco es capaz de determinar la diferencia entre el impacto consciente o inconsciente que una idea tiene en nosotros.

Para nuestra mente, todas esas experiencias son iguales y nuestra mente las aceptará sin dudar.

Si la información o una experiencia parecen reales para nuestra mente, nuestras emociones y nuestro sistema nervioso reaccionarán como si lo fueran (reales).

Para ilustrar este punto, pruebe este sencillo experimento:

Siéntese en una silla cómoda con ambos pies sobre el suelo y con sus manos descansando cómodamente sobre sus piernas.

Cierre los ojos, respire profundo (tratando de retener la respiración un poco, deje salir el aire y relájese. Respire nuevamente. Déjelo salir y relájese aún más, el respirar profundamente y retener el aire y después dejarlo salir ayuda a relajarse.
Ahora quiero que se enfoque.

Imagínese con sus ojos cerrados un limón sobre una mesa frente a usted. Visualícelo.
Véalo claramente. Mire su forma, su color, su textura.

Ahora, mentalmente estire su brazo y con la mano recoja el limón. Acérquelo a su rostro. Mírelo de cerca. Apriételo con su mano. ¿Puede notar su firmeza?

Sienta la textura de la piel suave pero rasposa y cerosa del limón. Note su color amarillo o verde y su forma redondeada con un piquito en la punta.
Ahora llévelo hasta su nariz. Huélalo. ¿Nota el olor cítrico del limón?

Coloque el limón sobre la mesa y mentalmente tome un cuchillo cercano. Córtelo en dos.

Levante una mitad empapada en su jugo. Llévelo a su nariz. Huélalo de nuevo y ahora muérdalo.

¿Qué le está pasando en este momento?
¿La saliva le inunda la boca tanto en su mente como físicamente?

Si dijo que no, entonces no sabe como utilizar su mente ni sabe como soñar.
La mente no diferencia entre la imaginación y la realidad.

Ahora considere lo que acaba de suceder. Realmente no existe ese limón y usted solo se lo imaginó. Esto solo fue un ejercicio mental y el limón solo fue imaginado, en la mayoría de las veces, las personas que saben usar su mente experimentan que su boca se les lleno de saliva.

Pero hay probabilidades, si usted es como la mayoría de la gente, de que la imagen mental que estaba reproduciendo en la pantalla de su mente haya activado una serie de respuestas y que se manifestaran físicamente.

Así que lo que puede ver en esta demostración o en este ejercicio es que el impacto en nuestra mente es un paso crítico en el proceso de aprendizaje y retención.

¡Es un implante mental que no se borrara nunca si se establece correctamente!

El segundo paso es la **repetición.** Un estudio universitario reveló que una idea que había sido leída o escuchada una sola vez era olvidada un 66% de las veces dentro de 24 horas, pero si la misma idea era leída o escuchada repetidamente por 8 días, hasta el 90% podía ser retenida al finalizar los ocho días.

Así que una vez que haya leído este libro y su información, léalo de nuevo muchas veces.

Inclusive puede utilizar un plumón resaltador, un lápiz y una libreta para que pueda hacer notas, marque el libro y escriba las ideas que siente que se ajustan a su situación de negocios o su rama profesional.

Esta repetición le ayudará a retener en su mente más de la información leída que si solo lo hubiera leído tan solo una vez.

La **"repetición"** constante es vital en el proceso de aprendizaje en un ser humano.

El tercer paso en el proceso de aprendizaje y retención es la **implementación.**

Este es el paso de **"hacer"**. Aquí es donde se desarrollan los caminos o vías neuróticos, creando un tipo de "memoria muscular"

Estudios han revelado que si la memoria es ejercitada cada vez, nuestra memoria se hará mas fuerte y mas poderosa.

Según el estudio citado anteriormente, una vez que se experimenta de forma física una acción, se hace el doble de fácil poder recordarla en comparación a solo escucharla.

El cuarto es la **realización interna** que consiste en hacer la idea parte de usted.

Esto puede estar relacionado con personalizar o ajustar a su medida la idea o conocimiento aprendido para que se aplique en su situación o estilo específico, recuerde que también es de vital importancia que usted personalice la idea hasta convertirla en parte **"suya"**.

El quinto paso es el **fortalecimiento**. Para maximizar la efectividad de una idea y no olvidarla, usted debe estar constantemente buscando formas de apoyo y fortalecimiento.

Entre más pueda **fortalecer** la idea con hechos y acciones, más la creerá, la retendrá y se hará más efectiva ayudándole a satisfacer las necesidades de sus clientes actuales y también de sus futuros clientes.

Ahora usted podría preguntarse ¿qué tiene que ver todo esto con su negocio, producto, servicio o rama de trabajo?

Es sencillo: Cuando trabaja en su negocio o rama profesional diariamente, cuando trata de vender algo, su actividad personal, al igual que en su experiencia aplicada con la información presentada en este libro, usted estará expuesto a un gran número de ideas que podrán ser de gran ayuda cuando la necesidad se presente.

Algunas ideas serán nuevas, es decir que nunca antes las había escuchado.

Algunas otras serán ideas que en su pasado ya las había escuchado pero que nunca las puso en practica y que ya hasta las había olvidado.

Otras serán ideas que se le ocurrirán como resultado de que algo súbito se activó en su mente a medida que leía este libro.
Esto se le llama o se conoce como un momento ¡Ajaaa!.

Entender y aplicar estos cinco pasos en el

proceso de aprendizaje y retención podrá ayudarle a retener más de lo que lee y experimenta.

La implementación marca toda la diferencia

Es importante que tenga la mente abierta a medida que lee, escucha o experimenta otras formas de pensar diferentes a las suyas. Las ideas que pueden ayudarle en vez de reaccionar negativamente, trate de no juzgar estas ideas o conceptos prematuramente o desecharlas demasiado rápido antes de considerarlas o porque no le suenan bien, o no hacen parte de su personalidad, o porque nunca antes las había escuchado.

Usted nunca sabe cuando las podría necesitar.

En vez de hacer eso desechando prematuramente cualquier concepto nuevo o idea mostrado en este libro, considere los siguientes pasos de acción:

Si ha escuchado una de estas ideas antes, pregúntese a usted mismo: "Sí, la he escuchado antes, ¿pero la estoy utilizando, o la he utilizado?", si la respuesta es no, pregúntese: "¿Por qué no lo he hecho?". Sea honesto consigo mismo.

Si actualmente está usando la idea, pregúntese: "¿Qué tan efectivo he sido utilizándola?, ¿cómo podría agregarle o mejorarla para hacerla más efectiva para mí, mi rama profesional de trabajo o en mi negocio?".

Considerando lo anterior, pregúntese lo siguiente: "¿Qué pienso hacer como resultado de lo que he aprendido?". Recuerde **"si sabe y no hace, ¡no sabe!"**

Recuerde, **no es lo que sabe,** si no **lo que hace** lo que realmente cuenta.

Las ideas son poderosas si se **hacen** y las buenas ideas son realmente importantes para cualquier negocio o rama de trabajo profesional porque son lo que lo mantendrán a usted interesado en continuar implementando y viendo los resultados haciendo que el negocio esté siempre activo, con vida y con crecimiento continuo.

Si la información e ideas son puestas en acción, estas pueden hacer una gran diferencia en la forma en que usted conduce su negocio o la manera en que se desenvuelve en su área de trabajo, los resultados que conseguirá, divirtiéndose al hacer lo que ama, solidificará sus resultados y las ganancias obtenidas.

Este libro con información e ideas está lleno de buenas prácticas que le serán muy útiles, y que podrán ayudarlo a marcar una gran diferencia en su negocio o rama profesional dependiendo de usted en cómo implemente y ajuste la información, técnicas, e ideas a su situación única, además dependiendo en cómo las ponga en acción. Ya que de no **HACER** no se podrá progresar.

La profesión o negocio en el que esté.

Si no aprende nada adicional en el tiempo que pasemos juntos leyendo este libro, por lo menos recuerde y considere lo siguiente…

Usted NO está trabajando en (cualquiera que sea la profesión o negocio en el que esté)… Usted está trabajando en la MERCADOTECNIA de su rama de profesión o de su negocio.

Lea estas frases nuevamente, una…y otra vez… Digiéralas, entiéndalas, internalícelas, hágalas parte integral de su negocio o de su filosofía profesional. Porque.. a menos que lo haga, su negocio no será mejor ni diferente que cualquiera de los otros negocios o de las otras opciones que sus clientes existentes, o clientes potenciales y consumidores puedan seleccionar en el mercado.

Permítame explicarle utilizando un ejemplo con la industria de ventas de seguros, y de igual forma, piense en cómo aplicarían estos principios en su propio negocio o rama de trabajo.

Es un hecho reconocido que muy pocas personas (si acaso alguna) quieren comprar una póliza de seguro.

Es verdad que pueden estar interesados en los beneficios, la seguridad, y la tranquilidad que la póliza del seguro les ofrezca para ellos, sus familias o sus negocios, pero no necesariamente quieren gastar su dinero en una póliza de seguro.

¿Pero qué es lo que mas venden la mayoría de vendedores de seguros?

¡VENDEN SEGUROS!

Y luego se preguntan ¿por qué es tan difícil el negocio? No es necesario tener un diploma de Harvard para entender la razón:

Si usted vende seguros y sabe que las personas no quieren comprar seguros, ¿por qué sigue pegándose una y otra vez la cabeza contra la pared para intentar venderlos?

Considere la forma en que la mayoría de la gente compra seguros de automóviles. Llaman a un número de una compañía de seguros y piden una cotización.

El agente o su representante preguntan qué cobertura tiene actualmente el interesado y le dan una cotización basándose en eso.

El interesado le agradece al agente o al miembro del personal y llama al siguiente número en su lista.

Siguen repitiendo esa escena hasta que están convencidos de haber conseguido el precio más barato y quien tenga el precio más bajo, consigue vender la póliza del seguro.

Pero espere un momento…

¿No hay más que comprar en un seguro fuera de sus "precios bajos"?

Claro que sí! Y usted y yo lo sabemos, al igual que la mayoría de agentes de seguros.

¿Entonces por qué casi todos los agentes de casi todas las compañías de seguros a las que usted llama, intentan venderle a partir del precio a sabiendas de que probablemente haya alguien allí afuera con un precio más bajo que el suyo?

¿Por qué tan pocos agentes intentan diferenciarse de su competencia y apartar al cliente potencial de la idea del precio para intentar hablarle de otras cosas más importantes?

No me malinterprete, el precio es importante, de hecho, es muy importante y tiene mucho peso en la decisión de compra de un cliente potencial.

Pero es solo uno de muchos factores que una persona necesita considerar al tomar una decisión de compra para cualquier cosa.

En realidad, existe muy poca diferencia entre las pólizas de seguro vendidas en diferentes compañías de seguro que se encuentran en la misma área geográfica.

Varios factores jugaran un papel importante en la venta.

Una de ellas tiene que ver en el trato que usted de a su prospecto, el interés que usted muestre en su cliente y la postura que tenga al final de su presentación o propuesta determinaran sus resultados.

En el libro "Como ganar amigos e influenciar a la gente" El Sr. Dale Carnegie explica que la gran mayoría de las personas tienen un letrero en la frente que dice **"hazme sentir importante"** en otras palabras trate de ver a través de los ojos de sus clientes potenciales y prospectos.

De igual manera, usualmente hay muy poca diferencia entre los productos o servicios que usted vende y esos mismos productos y servicios vendidos por sus competidores.

Los gastos para cubrir operaciones de su empresa, servicios públicos, gastos telefónicos, suministros, salarios y costos de producto también son similares entre las varias compañías que venden productos y servicios parecidos.

Así que, si todos estos factores como la similitud de los productos o servicios, gastos operacionales y costos de producto o materia prima son iguales o parecidos, los precios que se cobran en cada negocio individual deberán de ser por necesidad y por competitividad, bastante similares.

Es verdad que una compañía podría, por ejemplo, obtener un precio de compra más bajo en sus productos y como resultado podría ofrecer un precio de venta más atractivo a sus clientes, pero esto dependerá también en el numero o la cantidad de materia prima que se compre.

Entre mas se compre, mejor precio se obtendrá, ofreciendo a sus clientes un mejor precio.

La competencia entonces buscara imitar o mejorar lo que usted hace, al final las cosas cambian y el campo de juego se equilibrará nuevamente.

También hay otros factores que no deben pasarse por alto como ingresos de inversiones y amortizaciones de impuestos u otras ventajas que pueden jugar un papel importante en los precios que los negocios cobran por los productos o servicios que ellos venden.

En definitiva, los precios que se cobran por los bienes, productos y servicios entre una compañía y otra similar, serán bastante parecidos a largo plazo.

El punto es que sin importar en qué tipo de negocio usted esté …

Nunca podrá mantener una ventaja competitiva a largo plazo por los productos que ofrece o los precios que cobra a menos que sea innovador y <u>supere a la competencia en todo</u> .

Tan pronto como desarrolle un nuevo producto u ofrezca un nuevo servicio, será cuestión de tiempo antes de que su competencia se prenda de él, lo imiten y ofrezcan exactamente lo mismo o quizá lo mejoren y lo ofrezcan a menos precio.

Lo chistoso en todo esto es que en los negocios (una vez que usted aprenda) se dará cuenta que tan pronto como usted baje sus precios, la competencia hará lo mismo.

El ser innovador y el ser líder en su área de trabajo, siempre determinara si tendrá éxito o si fracasara.

El mercado en el que trabaja es tremendamente competitivo, despiadado, e implacable así que usted **siempre debería hacer algo** para diferenciarse de su competencia.

Si no lo hace, será relegado o será otro negocio tipo "yo también", igual que el resto de sus competidores.

Ahora… ¿quiere saber las buenas noticias?
Pues es precisamente que sus competidores funcionan en un modo de "¡YO TAMBIÉN!!.

Mire a su alrededor. Todos se ven iguales, sus negocios se ven iguales, sus productos son los mismos, caminan y hablan igual y su publicidad es igual y dice lo mismo que la del tipo de al lado.

Y debido a que todos funcionan de esa forma y no saben cómo cambiar, ¡usted tiene una gran oportunidad!

¡Usted puede ser mejor y diferente!

Verá, si ellos siguen haciendo lo que siempre han hecho, seguirán obteniendo lo mismo que reciben.

Por eso, si usted quiere conseguir algo diferente, tendrá que estar dispuesto a hacer algunos cambios y precisamente de eso trata este libro.

Hacer cambios, cambios que producirán resultados reales y medibles en su negocio.

Pero lo que aprenderá aquí no será suficiente. Estas ideas y estrategias por sí mismas no funcionarán. Usted tiene que ponerlas en acción si espera obtener algo diferente a lo que obtiene actualmente.

Recuerde que **si aprende y no hace, ¡NO HA APRENDIDO NADA!**

¡Así que comprométase a poner en acción lo aprendido ahora mismo, y **empecemos YA!**

"El adquirir conocimiento en como operar un negocio y no aplicarlo, es como seguir viviendo y operando en la ignorancia "

Eduardo George.

1

Alcanzar el éxito usando su pasión

Rasgos únicos en personas con desempeño excepcional

En el pasado, por muchos años (mas de 29 años para ser exacto) siempre desee aprender, superarme de alguna manera y sobresalir en los Estados Unidos.

El tener decadencia de muchas cosas al ser niño, llegar a trabajar en fabricas, en la limpieza incluyendo lavando excusados, limpiar y encerar pisos, tener 2 trabajos, levantarme a las 5:00 am y dormirme a la 1:00 am; Estudiar ingles y poco a poco conseguir mejores trabajos para superarme y conseguir el sueño americano fue un gran reto que me dio la experiencia y la convicción para poder triunfar, creando mi vida y mi futuro.

Sabia internamente en mi mente y en mi corazón que la única manera para lograrlo era trabajando duro, leer, y estudiar a las personas exitosas, ganándome su simpatía, seguida por su confianza y convirtiéndome en un aprendiz.

En muchas ocasiones fui usado y abusado incluyendo por mi propia familia cercana.

Sin embargo eso nunca me hizo rendirme.

Todos tenemos una historia. ¿Cual es la de usted?

¿Su historia le impide triunfar?

Usted lo decidirá solamente ya que todos somos responsables por nuestra propia historia y crear nuestro propio futuro.

Lo mas importante fue enfocar mi mente, mis sentimientos y decidirme a triunfar sin importarme el tiempo que me llevara en lograrlo.

El hacerse la victima nunca a servido ningún propósito positivo para nadie.

Se debe siempre de tomar responsabilidad.

Enfóquese con todo su corazón y pensamientos en lo que usted quiere y eventualmente con trabajo y dedicación lo obtendrá.

Tuve la maravillosa experiencia de conocer al papá de un amigo mío al cual admiraba mucho.

El padre de mi amigo era un hombre exitoso de edad muy avanzada, cada vez que mi amigo me invitaba a su casa después de cenar, levantaba mi plato y lo lavaba, aunque me dijeran que no lo hiciera siempre me gustaba granjearme a las personas, (consejos de mi abuelita Romelia) eso hizo que la familia de mi amigo comenzara a apreciarme y a compartir su casa y conocimiento incluyendo compartir su forma de vida conmigo.

Después de cenar me agradaba mucho acercarme a su padre ya que el era una persona exitosa y se veía que todo lo tenia y nada le faltaba, también el conocía a mucha gente afluente.

El papá de mi amigo tuvo el privilegio de conocer y tener una cena con alguien a quien yo admiraba mucho por su antigua profesión de ser una personalidad de radio y un gran productor de audios para superación personal y libros me refiero al gran señor Earl Nightingale.

El papá de mi amigo me platicaba como el señor Earl realizó la obra mas laboriosa de su vida estudiando a personas exitosas y cómo ellos al utilizar su conocimiento lograban el éxito.

El papá de mi amigo platicaba como admiraba al señor Earl por sus ideas, su filosofía, y en esa ocasión, el papá de mi amigo me platico que en una ocasión decidió preguntarle ¿qué podría recomendarle para poderle dar consejos a sus hijos pequeños cuando llegara a tenerlos?

¿Qué, basándose en su vasta experiencia y conocimiento, que sería lo correcto que ayudaría a sus hijos a poder asegurar el éxito en su vida y en los negocios ?

Earl le dijo esto al papá de mi amigo:

"Sabes, a menudo he pensado en esa misma pregunta y después de todos estos años y todo lo que he estudiado, he llegado a la conclusión de que el éxito en la vida y en los negocios, puede resumirse a una sola cosa. Tus recompensas siempre estarán en proporción directa con la cantidad y calidad de servicio que prestes a las personas"

El continuó con lo siguiente..

"Solo tienes que mirar alrededor y ver a las personas que sirven a otros, las que trabajan mas, ellos son los que prosperan. Las personas que no prestan servicio, no prosperan. Ahí podrás darte cuenta de una persona exitosa al observar y apreciar la cantidad de servicios que prestan a las personas."

El continuo diciendo..

"El problema es que las personas negativas y sin éxito no han aprendido ese gran secreto o simplemente no lo aplican.

Las personas exitosas son las que desarrollan los hábitos de hacer las cosas que las personas negativas y sin éxito no hacen o no aplican por una razón u otra."

Lo que no le gusta hacer a las personas que se dan por vencidas

Los comentarios de el señor Earl mencionados esa noche al papá de mi amigo le impactaron la mente como si fuera un gran martillo, ya que se había dado cuenta de las verdades detrás de todo esto.

Entre más servicio de calidad ofrezca a sus clientes satisfaciendo sus necesidades, usted prosperará mucho más y de forma mas rápida.

Y como dueño de una empresa, administrador de negocios, profesional o emprendedor, servir las necesidades de sus clientes de forma efectiva y de corazón, significa que usted debe hacer las cosas que los propietarios de otros negocios similares, profesionales y emprendedores sin éxito no hacen.

Las cosas que esas personas sin éxito no hacen, son las cosas que a ninguno de nosotros nos gusta hacer.

No hay duda de que es difícil trabajar largas horas de trabajo o en fines de semana cuando su familia le espera en casa y solo tiene a un par de compradores o lo dejan plantado en una cita que alguien programó con usted.

Es difícil hacer llamadas telefónicas para que le respondan personas hostiles o groseras del otro lado que le dicen palabrotas y le cuelgan el teléfono.

Por eso las ventas para muchos no son agradables o se les hace difícil pero nada es difícil después de prepararse y aprender bien la rama de trabajo escogida.

Es desalentador proponerse metas y no cumplirlas, programar entrevistas, explicar los aspectos técnicos y beneficios de los productos y servicios que usted proporciona, superar las objeciones e información errónea del cliente y no dudar para ofrecer un servicio excepcional solo para que después su cliente vaya a otro lugar a buscar el mismo producto o servicio por unos dólares menos.

Es frustrante, pero es una realidad que debe de ser aceptada y superada a base de experiencia, aprendizaje nuevo e implementación de lo aprendido.

¡Trabaje duro si quiere tener éxito!

Recuerde que si aprende y no practica, ¡Se le olvida!
E.G

Aprenda bien y practique lo que este libro enseña, se beneficiara.

Muchas de estas experiencias pueden ser desalentadoras para cualquiera y después de un tiempo, algunas personas terminan rindiéndose. Es más fácil disminuir su nivel de vida para que se ajuste a sus ingresos que aumentar sus ingresos para crear su nivel de vida deseado.

En este momento las personas ya no tienen el control. Las personas en mayoría están llenas de preocupaciones e incertidumbre. Solo se concentran en lo negativo.

La inflación determinará el precio de las cosas que compran. La competencia y suerte determinarán cuánto gastarán.

Afortunadamente para ellos, muchos de sus competidores están en la misma situación.

El éxito espectacular es inusual y es dependiente de muchos factores diferentes.

Para algunas personas, simplemente tienen la fortuna de que les ocurre este éxito estando en el lugar adecuado y en el momento justo, no hacen nada especial y todo sale bien cayendo todo en su lugar.

Otros se esfuerzan por largas horas y mucho trabajo para obtener un éxito normal. Y muchos desafortunadamente fracasan.

Un 60% de empresas y negocios nuevos lamentablemente fracasarán en los primeros 5 años y en ocasiones duraran menos.

Pero al tener una comprensión clara de los principios del éxito, un plan bien desarrollado y ejecutado con ciertos rasgos y características personales podrían ayudarle a moverse hacia sus metas más rápidamente, si se implementa el conocimiento y se trabaja arduamente deseando con el corazón y con su mente lograr sus objetivos.

A continuación hablaré de algunas cualidades personales que debe considerar.

El octágono de personalidad para lograr el éxito

1. ¿Qué es lo que usted quiere? ¡Debe absolutamente saberlo!…

Conózcase a usted mismo sepa exactamente lo que quiere y que es lo que espera de su negocio o profesión.

Muchas personas entran a su negocio o rama profesional y pasan años en ese ambiente sin tener una idea de lo que quieren o qué les es posible obtener de su negocio. Y no es diferente a lo que pasa con los profesionales de seguros.

De hecho, la mayoría de los propietarios de negocios o profesionales están trabajando tan duro en **SUS NEGOCIOS** que no tienen tiempo para trabajar en **SI MISMOS**.

Como resultado, se hacen esclavos de sus negocios o rama profesional sin disfrutarlo hasta que se quedan estancados ahogándose en su propia creación. Muchos inclusive se la pasan quejándose o siendo "VICTIMAS"

Ellos han entendido las cosas al revés, están trabajando para sus negocios **en lugar de que sus negocios trabajen para ellos**.

Esto es muy triste.. ¡No permita que a usted le ocurra lo mismo!

Tómese el tiempo de analizar con cuidado de dónde ha venido, dónde está ahora, qué quiere lograr u obtener en su negocio, su trabajo o su carrera.

Es importante comenzar a establecer algunas metas significativas para ayudarle a lograr sus objetivos.

Las metas deben de establecerse en su mente y en su corazón si en realidad quiere lograrlas.

Ponga atención, si no sabe a donde quiere llegar o en que posición en la vida quiere estar, nunca tendrá idea de lo que debe hacer para poder llegar allí.

Las metas significativas son un requerimiento esencial para el éxito en su negocio o rama profesional de trabajo.

Si usted establece metas, tendrá un blanco al que apuntar, un propósito por el cual usted querrá existir y una dirección en la cual usted disfrutara viajar.

Sin metas, sin una dirección, es fácil perderse sin sentido, distrayéndose con cualquier cosa que aparezca en su vida.

SIEMPRE TENGA UNA DIRECCION DEFINIDA A DONDE USTED PIENSA LLEGAR.

Dependerá de usted establecerla.

Cuando establezca sus metas, piense en la palabra **INTELIGENCIA.**

Debe tener metas inteligentes y deseables en su corazón es decir que sus metas deben de ser:

- **Especificas,**
- **Basadas en números,**
- **Realizables,**
- **Debe de creer en ellas y**
- **Ser obsesivo para lograrlas.**

Es importante que sus metas sean

ESPECIFICAS para que sepa exactamente a lo que está aspirando. Su meta debería definirse claramente e identificarse para que no solo sepa lo que está intentando **CREAR,** sino que también sepa cuándo lo **LOGRARA**.

No es suficiente solo decir que quiere vender más productos, mercancías, servicios, o aumentar el número de clientes potenciales con quienes finalizara mas ventas.

Usted necesita especificar claramente su meta.

¿Cuantas ventas más al mes? ¿12, 17, 27?

¿Venderá adicionalmente $20,000.00, $100, 000.00 en ventas mensuales?

¿Cuál es la cantidad especifica de productos que puede ofrecer calculando que son productos en demanda? ¿o que tal el tipo servicios?

¿Qué tanto específicamente?

¿Cree que lo puede lograr?

¡Si no lo cree en su corazón nunca lo lograra!

Sin importar cual sea su meta, nunca debería de

dudar sobre lo que desea lograr y obtener.

Sus metas deben de ser **BASADAS EN NUMEROS**, es decir, que debería de establecer un sistema o método para determinar cómo está progresando financieramente en sus esfuerzos por lograr sus metas.

Al definir y establecer claramente sus metas como discutimos antes, usted podrá ser más capaz de medirlas basándose en números.

Como si fuera un juego de futbol, ¿Sabe cual es el marcador? ¿va perdiendo o va ganando?

Es importante que sea capaz de ver su estado actual, así como una progresión hacia sus metas.

Continuando, sus metas deben ser **REALIZABLES**, si su meta es algo muy alto, complicado o no realista no tendrá esperanza para alcanzarla.

Pronto se sentiría desalentado, perdería la concentración y la motivación necesaria para alcanzar su meta deseada, o simplemente como a muchos le ocurre, terminaría rindiéndose.

Su meta debe ser algo que usted pueda alcanzar

con tan solo un poco mas de trabajo y esfuerzo adicional.

Una persona conocida propietaria de una agencia de seguros vendía u ofrecía seguros contra incendios y accidentes.

Para promover las ventas de seguros de vida para sus clientes de edad mas avanzada, creó un concurso para sus agentes o representantes de ventas.

El agente o representante de ventas que vendiera más seguros de vida, se ganaría un viaje a una isla en Hawái.

Uno de los agentes o representante de ventas que trabajaba para su agencia y que nunca había vendido muchos seguros de vida, decidió que quería intentarlo y ganar el viaje.

Los requisitos para ganar el viaje eran difíciles y se basaban completamente en la venta de seguros de vida.

Muy pocos en esta agencia lograban ganar estos tipos de viajes trabajando durante todo un año, pero este representante de ventas en particular se concentró en eso específicamente y enfocado en lo que quería, cumplió los requisitos en solo cuatro meses ganándose el viaje.

Teniendo en cuenta el desempeño previo del representante de ventas con respecto a la producción de seguros de vida, era dudoso que pudiera realizar esa meta.

Sin embargo, el agente encontró la motivación interna que cambió sus probabilidades para ganar a su favor y fue capaz de lograrlo en un período de cuatro meses, cuando el resto de los otros representantes incluyendo a los que tenían mas experiencia no pudieron lograrlo en un año completo.

En su operación de negocios, necesita asegurarse de que sus metas no son solo realizables, sino que también debe de **CREER EN ELLAS**.
Si su meta no es realista y no cree en ellas, solo es cuestión de tiempo antes de que se frustre y se rinda.

Esto podría tener un efecto negativo en usted y en sus acciones futuras a medida que empieza a pensar en su persona como un fracasado o que no es lo suficientemente bueno logrando sus metas.

Esto podría continuar debido a esa imagen negativa de sí mismo con respecto a establecer y lograr metas, ya no querrá establecer mas metas en el futuro creando un circulo vicioso de negatividad hacia su persona.

La clave para ser efectivo en establecer y lograr metas es ser realista y creer en sus metas y expectativas.
Ponerse metas realizables que puedan ser alcanzadas con un poco mas de trabajo y mas esfuerzo.

Eso irá desarrollándole internamente una imagen de éxito y fortalecerá su autoestima de una forma positiva ayudándole a que la próxima vez establezca una meta superior a la anterior.

Recuerde de no olvidar que su meta debe de ser una en la cual usted **CREA QUE LA PUEDE LOGRAR** y de esa forma, usted irá logrando fortalecer su autoestima y confianza nuevamente, creando un circulo o un ciclo de triunfo.

El próximo paso es hacer que sus metas sean **OBSESIVAS**, en otras palabras, debe de pensar y desear lograrlas las 24 horas del día y a cada minuto que usted pueda pensar en ellas.

Ser obsesivo en lo que desea le ayudará a enfocarse en lograr sus metas, en lograr sus sueños..

Ser obsesivo le ayudará a mantenerse en el objetivo, a enfocarse, a no distraerse y lo motivará para completar lo que haya empezado y no a rendirse.

El ser obsesivo en sus sueños, en sus metas no solo lo ayudará a lograr el éxito en un tiempo mas corto sino que mejorará su autoestima al lograr el éxito.

Si su meta es vender una cantidad pre determinada de algún producto o servicio o una cantidad de ventas en dólares anualmente, establezca la cantidad siendo realista **CREA QUE LO PUEDA LOGRAR** y divida ese número predeterminado en los 12 meses del año, o el numero de semanas, o incluso los días, si fuera necesario dándose así una idea de lo que necesita hacer para lograrlo.

Una meta grande se hace mucho más manejable si está dividida en piezas pequeñas.

La clave es dividir sus metas en piezas más pequeñas y colocar un límite de tiempo para lograr cada una si le es posible, de lo contrario solo enfóquese en lograrlo sin que le importe el tiempo que le tome en lograrlo de esta manera la presión será menos para usted.

2. La habilidad de concentrarse

La segunda cualidad en el octágono de personalidad es la habilidad de concentrarse.

Muchas personas dudan en empezar un negocio porque piensan que les faltan los talentos y habilidades necesarias para tener éxito.

Miran o se comparan a otras personas que son exitosas y piensan que deben tener talentos y capacidades únicas o superiores a estas personas. Pero al llegar a conocer a estas personas, se dan cuenta de que son personas o seres humanos normales.

La diferencia principal es que la persona exitosa ha desarrollado la habilidad de concentrarse.

El enfoque es una llave para ayudarse a abrir la puerta al éxito.

Una persona de inteligencia de promedio normal que está concentrada o enfocada en una meta claramente identificada y específica, superará de una forma consistente a las personas más listas que no se concentran en nada específico.

3. Determine el tiempo, precio, esfuerzo y sacrificio que deberá pagar..

Debe de determinar el precio, el tiempo, esfuerzo y sacrificio que tendrá que pagar para ser exitoso.

Todo en esta vida tiene un precio y se debe pagar antes de poder alcanzar las recompensas.
¡NADA EN LA VIDA ES FACIL!
En la mayoría de los casos, se requiere sacrificios.

Hace muchos años atrás conocí a una pareja muy linda, ellos comenzaron a hacer un gran esfuerzo para recuperar su salud, ejercitándose y ayudándose para poder combatir el estrés, ellos decidieron comprarse unas bicicletas para cada uno de ellos.

Las bicicletas combinaban haciéndoles lucir mucho. Al salir a ejercitarse en sus bicicletas no solo se divertían pero también recuperaron su salud al ser consistentes en el ejercicio.

Por un tiempo se divirtieron mucho hasta que en una ocasión un grupo de ciclistas experimentados los rebasaron en sus rápidas, brillantes y obviamente caras bicicletas de carreras, hechas claramente para competencia.

El caballero siendo una persona competitiva, decidió que intentaría alcanzarlos y ponerse al tu por tu al lado de ellos dejando a su esposa atrás. Obvio esto fue algo no muy del agrado de ella pero así fue como ocurrió.

Por mucho que intento, no consiguió alcanzarlos. Nada de lo que hizo le permitió alcanzarlos.

Al platicármelo con frustración y observando a su esposa burlarse de el (ya que el la dejo atrás sola por irse a perseguir a los ciclistas experimentados) me di cuenta que esto estuvo atormentando a mi amigo por alrededor de una semana y no pasó mucho para que el fuera nuevamente a la tienda en donde había comprado sus bicicletas para obtener información, especificaciones y precios de una de esas bicicletas "rápidas, brillantes y obviamente caras para competir".

Después de gastarse mas de $2500.00 Dólares y comprarse su bicicleta similar a la de los humillantes y rápidos ciclistas a los que nunca pudo alcanzar, ese Domingo por la mañana estaba de vuelta en el camino esperando a los ciclistas para alcanzarlos y manejar su nueva bicicleta junto con ellos.

Mi amigo estaba completamente uniformado con shorts y camiseta de ciclismo, zapatos especiales, casco y su rápida bicicleta nueva.

Lo malo de todo esto es que los ciclistas nunca llegaron. Mi amigo estaba un poco decepcionado ya que no había nadie con quien jugar carreras y su esposa no hizo el intento de ofrecerse voluntariamente a participar, ella no compartía mucho la pasión de mi amigo.

Recuerde que oposición a su pasión o a sus sueños podría ocurrir de quien menos lo espera y en ocasiones hasta de sus seres queridos.

Así pasaron un par de Domingos y ¡nada de ellos! Parecía que los ciclistas, ¡se los hubiera comido la tierra!

Cansado y frustrado mi amigo se levanto tarde el domingo siguiente, desayuno con su esposa y decidió irse nuevamente en su bicicleta de carreras solo a según practicar..

Entonces, de repente sin esperarlo se dio cuenta que el grupo de ciclistas apareció detrás de el rebasándolo y mi amigo sorprendido y determinado a mantener el ritmo con ellos comenzó a pedalear duro, se esforzó con todo pero en un cuarto de milla más tarde, por mucho que intentó, lo habían dejado atrás sintiéndose que lo habían hecho quedar en ridículo.
Los ciclistas se habían ido lejos dejándolo respirar solo el polvo.

Eso irritó muchísimo a mi amigo. Su esposa se burlaba de el en cada ocasión que se podía. Frustrado pero determinado a mejorar fue y se compró varios libros, videos, y hasta buscó la ayuda de su vecino el cual era un buen ciclista, mas experimentado que el.

Se esforzó para desarrollar sus habilidades de ciclista y mejorarse.

Todos los días se subía para andar en su bicicleta de 4:30 am a 7:30 am mientras su esposa y familia dormía.

Mi amigo se encontró con conductores en el camino a quienes no les gustaban los ciclistas e incluso algunos fueron tan lejos como para intentar sacarlo del camino o tirarle botellas, vasos de café etc. .
Anduvo en su bicicleta bajo la lluvia, el clima frío y hasta en verano con un calor de 120 grados.

Todo esto con el fin de mejorar lo que se había convertido en una pasión para el.
Mi amigo comenzó a ser consistente, trabajo duro y finalmente termino contratando a un entrenador de ciclismo para que lo ayudara a desarrollar sus habilidades de una manera mas efectiva.

Después de algún tiempo de aprendizaje, mi amigo en contra de los deseos de su esposa decidió inscribirse en una carrera de bicicletas local.

Emocionado comenzó la competencia y después de muchas millas, después de mucho esfuerzo sin esperarlo para su sorpresa, ¡ganó la carrera!

Esto lo motivó increíblemente, así que entró a otra carrera de ciclismo ganando otra vez, y luego a otra mas, y otra mas continuando con una racha ganadora la cual le llevo a ser alguien reconocido.

Con las nuevas habilidades y la confianza que estaba desarrollando, entró en el campeonato estatal y después al nacional ganando los dos.

En las dos competencias obtuvo resultados que le llenaron de satisfacción, algo que el nunca imagino que lograría.
 Irónicamente, los ciclistas que lo rebasaron dejándole atrás, haciéndole quedar en ridículo con su esposa ahora lo buscaban para pedirle ayuda y consejos..

Se preguntaban ¿cómo podía el ganarles cuando el no tenia mucho tiempo en el deporte del ciclismo como ellos lo tenían?

Lo que ellos no entendían es que lo importante no era cuánto tiempo llevaba entrenando, sino el esfuerzo y la constancia que mi amigo invirtió en su entrenamiento.

Lo importante no fue lo que hizo durante las carreras en las que participó.

Lo importante fue el esfuerzo, su constante dedicación durante sus largas, aisladas y solitarias horas de entrenamiento.

Fue el sacrificio que hizo lo que marcó la diferencia entre ser un ciclista social a convertirse en el campeón nacional en el que el se convirtió con el tiempo.

TIEMPO, PRECIO, ESFUERZO Y SACRIFICIO A PAGAR..

El mismo concepto de **Tiempo, Precio, esfuerzo y Sacrificio a Pagar** aplica en cuanto al funcionamiento de un negocio exitoso.

Si usted quiere cosechar las grandes y abundantes recompensas que su negocio le puede ofrecer, tendrá que hacer cosas no muy glamorosas en momentos no muy convenientes.

Usted será criticado, atacado y hasta decepcionado por su propia familia, incluyendo en ocasiones, padres, hermanos y hasta su propio conyugue.

Que eso no le quite el deseo de triunfar, si obtiene resultados eso será su mejor remedio para que los que lo han criticado y atacado callen..

Recuerde que si usted esta bien, toda la gente que usted ama estará bien. Si usted esta en una situación mala, todas esas personas también sufrirán..

Por eso, si usted quiere cambiar su situación, tendrá que hacer las cosas que el gran señor Earl Nitghtingale le dijo al papá de mi amigo ¿Recuerda lo que le dijo?

Le recuerdo, el le dijo al papá de mi amigo:

"Tienes que hacer las cosas que las personas sin éxito no hacen."

Eso significa que dependiendo del tipo de negocio que usted tenga o que opere, tendrá que dejar la comodidad de su casa , su tienda o su oficina para crear un plan de trabajo en el cual usted tendrá que hacer muchas cosas incluyendo visitar a las personas y futuros clientes para preguntarles sobre sus necesidades en sus casas o negocios en momentos tal vez poco convenientes.

Si usted tiene una familia, esto podría convertirse en algo bastante difícil, pero si usted está comenzando con un negocio nuevo o si quiere mejorar su negocio existente logrando nuevas metas, este tipo de trabajo es parte de ello y tendrá que hacer este sacrificio.

Si usted no está dispuesto trabajar duro, o la pereza le domina, o no esta dispuesto invertir su tiempo, dinero, esfuerzos dentro de los sacrificios necesarios, entonces usted no puede esperar ser una persona exitosa en los negocios como la persona que si está dispuesta a hacerlos.

4. Aceptar Responsabilidad

Usted es **completamente responsable** por el éxito de su negocio y de su vida.

No sus padres, hijos, hermanos, esposa, el haber nacido pobre etc. **¡No hay excusas!**

Deje de culpar a otros por la falta de éxito en su vida, esto incluye dejar de culpar a sus padres, (lo repito ya que la mayoría de personas hace eso) amistades, conyugue etc.

Deje de ser o actuar como si siempre fuera una victima!

Puede haber retrasos, situaciones económicas desfavorables o problemas que afecten el progreso de su negocio.

Sus proveedores o sus fabricantes podrían dejar de fabricar o proveer sus productos y servicios favoritos, incluyendo los que le den mas ganancias, podrían cambiar la forma en que manejan sus negocios con usted o incluso fusionarse con otra empresa.

Las economías cambian, las políticas corporativas cambian, los clientes dejan de comprarle sus productos o sus servicios o el clima está muy caliente o muy frío.

El no tomar **responsabilidad** por las decisiones tomadas en su negocio y en su vida no cambiara el resultado actual obtenido, solo lo empeorará.

Es verdad que esas cosas, obstáculos o dificultades definitivamente tienen un efecto en el resultado de su negocio y de su vida, es verdad de que en ocasiones afectará la manera en que hace negocios y la productividad de las ventas que usted hace, pero es importante entender que estas cosas cuando han ocurrido están fuera de su control. **¡YA ESTA HECHO!**

Llorando o quejándose no solucionara absolutamente nada y dependerá de usted solamente, **aceptar la responsabilidad por el éxito o fracaso del negocio sin culpar a nadie mas que a usted.**

No es la intención de lastimar u ofender a nadie con estas afirmaciones, solo hacerle ver las cosas claras, **aceptar responsabilidad** por nuestras acciones es el primer paso para poder llegar a tener éxito.

Sin importarle lo mal que estén las cosas, sin importarle las dificultades que ocurrieran o los retos que se pueda encontrar, permítame decirle y asegurarle que existen personas que han tenido dificultades y retos aún más grandes que cualquier reto o dificultad que usted se encuentre.

Estas personas de alguna manera lograron salir adelante y usted también puede hacer lo mismo si tiene la decisión **acepta responsabilidad** y desarrolla el carácter apropiado.

Aquí hay una pequeña frase que es maravillosa si usted la repite siempre que encuentre dificultades le ayudara a fortalecer sus decisiones y sus deseos de triunfar sin rendirse.
Son 7 palabras mágicas:

"Si va a ocurrir, dependerá de mí."

Esa simple frase lo dice todo y pone la **responsabilidad** exactamente donde debe de estar: **SOBRE USTED, EL RESPONSABLE ES USTED Y NADIE MAS.**

Acepte **responsabilidad**. En cuanto lo haga se sentirá bien y tendrá decisión

5. Compromiso.

<u>Comprométase</u> de <u>forma total</u> y <u>obsesiva</u> con <u>su éxito</u>.

Una vez que usted decida tomar la decisión de estar en un negocio, métase de lleno en su negocio.

Entré en él de forma total y no permita que nada ni nadie lo detenga.

<u>Algo más importante al entrar de forma total en su negocio es asegurarse que el negocio entre totalmente en usted.</u>

El hacer un **compromiso** es vital.

<u>Comprométase</u> en cuerpo y alma, decida que va a tener éxito, sin importar qué obstáculos encuentre.

No intente tener dos o tres trabajos diferentes o proyectos al mismo tiempo a menos que estén relacionados en el mismo ramo de responsabilidad de su negocio o empresa existente, el dicho es cierto "El que mucho abarca poco aprieta".

El hacer la técnica de la escopeta y tirar disparos al aire a ver "cual pega" no es, ni será algo que le ayudará.

No podrá trabajar exitosamente ni darle el tiempo justo a ninguno de los dos o tres trabajos o proyectos y generalmente, al igual que miles de personas que lo han tratado de hacer terminara frustrado, sin dinero, y nunca sabrá si usted pudo en realidad ser exitoso.

6. Supere en todo momento las exigencias

La sexta cualidad personal necesaria en el octágono de personalidad para lograr el éxito espectacular en un negocio, ventas de productos o servicios es que debe estar dispuesto a superar las exigencias que su empresa, producto o servicio requiera, o sea que si usted tiene que correr una milla adicional tendrá que hacerlo.

El exigirse a uno mismo ser mejor en todo, le dará convicción.

El concepto de "Prometer menos y entregar más" podría resumirse en la siguiente frase:

"Si usted siempre está dispuesto a trabajar más que por lo que le pagan, llegará el día en que le pagaran más por lo que hace"

Esto incluye a su negocio también.

El señor Robert Cialdini, en su libro titulado, **Influencia: La psicología de la persuasión**, discute y explica lo que él llama las Leyes de la Reciprocidad.

Básicamente, explica que cuando uno hace algo por alguien, se crea una obligación implícita de que esa persona haga algo por usted a cambio.

Así que cuando usted supera las exigencias por sus consumidores, clientes, productos o servicios, usted será mejor que su competencia.

Simplemente usted ha preparado el escenario para que esa ley tenga efecto en un futuro para usted y su negocio.

Pero esta regla o ley solo funciona cuando realmente "Supera" las exigencias de su negocio, producto o servicio.

Hablando mas claro o como dirían algunas personas en el norte de México que conozco y admiro por su convicción, "No se raje"

O mejor dicho. Nunca se rinda.

Cuando se provee lo que usted considera un servicio "normal" o "adecuado" o incluso "bueno", usted en realidad no se ha ganado el derecho para esperar que esta regla o ley le funcione a usted, a su negocio, a su producto o servicio.

Inclusive, es un hecho que cuando se ofrece un servicio "excelente" a veces no es suficiente para que gane una ventaja o se beneficie ampliamente ya que es algo que todos hemos llegado a esperar de muchos negocios, productos y servicios.

Usted tiene que realmente hacer algo especial y ser **CONSISTENTE** por un periodo de tiempo para ganar una ventaja en el mercado que es altamente competitivo en estos tiempos.

Entonces y solo entonces, podrá esperar que se creé ese sentir irresistible, ese deseo de responsabilidad en el cliente de querer ser recíproco con usted, con su negocio, producto o servicio.

Considere la siguiente frase:

"No existe obstáculos al correr una milla adicional, si los encuentro, los superaré."

Usted ya esta en la carrera, ya esta en la competencia, **hágalo mejor que los demás si quiere triunfar**; si no, ¡ni lo haga!

7. Controle su tiempo

La séptima cualidad del Octágono de personalidad para obtener el éxito en su negocio, vender sus productos o servicios es que debe de dominar y tomar control de su tiempo.

El tiempo es un lujo desechable. Cada persona, cada uno de nosotros como seres humanos tenemos las mismas 24 horas cada día. Todos tenemos la misma oportunidad para utilizar el tiempo, pero solo las personas que hacen algo con el tiempo son las que generalmente tienen mas éxito que las que no lo hacen.

Cuando esas horas se van, no pueden ser reemplazadas, se van para siempre y no pueden ser recuperadas.

Debemos tratar el tiempo como algo precioso y cuidarlo con sabiduría y egoísmo. Es nuestro tiempo y es nuestra vida.

No deje que nadie lo interrumpa cuando trabaja o le quiten la concentración.

NO PERMITA QUE NADIE LE OBSTACULICE SUS METAS.

Considere lo siguiente y piénselo muy bien.

Las personas que no tienen metas son usadas por las personas que sí las tienen.

Si usted sintió una punzada aguda y hasta frustración, o tal vez coraje al leer lo anterior, significa que usted acaba de captar el mensaje.

Si usted deja que otros lo alejen de sus metas, simplemente usted está diciendo que las metas de esas personas son mas importantes que las metas de usted.

La mayoría de las personas que tienen su propia agenda siempre van a usar y a abusar a las personas que no tienen una agenda definida, esto incluye en ocasiones a sus propios amigos e inclusive sus familiares, a ellos no les importa en ocasiones si usted esta bien, si es feliz o no, solo piensan en ellos y sus propios intereses y por muy doloroso que suene es una realidad.

SON ROBA-SUEÑOS.

No permita que nadie ni nada le robe sus sueños, ni que le quiten **SU FELICIDAD**.

Si usted en realidad quiere ser exitoso en su negocio, en la venta de sus productos o servicios, si realmente desea ser feliz, entonces esta es una de las áreas más importantes y mas críticas que usted deberá defender con todo.

CONTROLE SU TIEMPO Y AGENDA.

ES EL TIEMPO DE SU VIDA Y NADIE NI NADA SE LO REPONDRA.

8. Determinación y Persistencia.

La octava y una de las mas importantes cualidades de una persona exitosa es la…
Determinación y la persistencia.

Sin decisión, determinación y persistencia simplemente no se puede triunfar.

El número ocho consiste en desarrollar la persistencia y la determinación.

De tiempo en tiempo se encontrará con una serie de retrasos o de estancamientos donde parecerá que nada está bien.

Sus competidores bajan sus precios, realizan campañas publicitarias gigantescas y ofrecen promociones insólitas y lo próximo que sabe usted es que sus consumidores y clientes empiezan a hacer negocios con ellos.

Sus oportunidades de negocio salen por la puerta trasera más rápido de lo que entran por la puerta frontal.

Su volumen está empezando a caer y se empieza a preocupar.

Usted parece que pasa más tiempo en una postura defensiva por lo que le esta pasando proveyendo servicios a sus clientes actuales y a pesar de ello los está perdiendo.

Cuando eso ocurre, no es el momento de rendirse.

Ahora es el momento de atacar y empezar a jugar ofensivamente y es el momento a estar determinado a no perder sus buenos clientes que tanto trabajo le han costado conseguir.

Su estrategia debería ser mantenerse en contacto con ellos y continuar ofreciendo un servicio excepcional. No a darles la espalda.

Casi todos los negocios son cíclicos y al final, las cosas cambiarán. Pero recuerde que se necesita de la **Determinación y la Persistencia.**

A pesar de que todo el tiempo no puede ser competitivo con respecto al precio, sí se puede ser competitivo en el servicio que usted da y en la empatía que siente por sus clientes y sus problemas. Usted deberá también tener postura y orgullo en los productos o servicios que usted ofrece a sus clientes.

Hablaremos más sobre cómo hacer esto en un capítulo futuro ya que la postura respaldada es clave en demostrarle a su cliente porque usted es la mejor opción pero por ahora, sólo tome la decisión que sin importar qué, <u>nunca se rendirá.</u>

Sus seis habilidades personales ocultas, que le garantizarán resultados exitosos

Además del octágono de personalidad (ocho valiosos puntos) hay seis habilidades adicionales que pueden ayudarle a lograr un mayor éxito:

1. Desarrollar comunicación apropiada

En primer lugar; está, la habilidad de comunicarse efectivamente con otros es vital.

Si usted no sabe expresarse o no sabe como comunicarse, le sugiero que trate de tomar un curso y se capacite, visite mi pagina de internet si desea participar en cualquiera de estos cursos que se ofrecen para que usted pueda entrenarse e inclusive entrenar a su personal.

Usted debe ser capaz de interactuar con otras personas a su nivel, para que lo entiendan y entiendan los puntos que está intentando hacerles llegar.

Recuerde que todos somos diferentes y cada uno de nosotros tiene una comunicación y estilos conductuales diferentes. Usted necesita ser lo suficientemente versátil para entender a cada persona según su estilo individual.

Tenga en cuenta que debe hablar un lenguaje con el que se sientan familiarizados y se puedan sentir identificados y que no utilice demasiadas "palabras de negocios" o palabras complicadas de la industria.

No confunda al cliente ni tampoco lo asuste al no darle o inspirarle confianza.

Desarrollar comunicación apropiada es una habilidad vital para triunfar en un negocio y en su vida. Practique y prepárese.

2. No pierda su objetivo

Esta es la habilidad de hacer correcciones a mitad del camino.

Cada uno de nosotros somos seres humanos y estamos sujetos a las cosas frágiles que acompañan o son parte de nuestra vida y por eso de vez en cuando, cometemos equivocaciones o errores de juicio.

Cometer una equivocación o error no es el problema cuando es la primera vez.

El problema surge cuando seguimos cometiendo los mismos errores una y otra vez, sin aprender de ellos o cuando no podemos recuperarnos rápidamente y hacer las correcciones necesarias para evitar una calamidad total. Aprenda a que a pesar de errores o situaciones que pueden hacerse o puedan ocurrir nunca **pierda su objetivo**.

3. Desarrolle su capacidad de pre-visión

La habilidad de ubicar y analizar nuestras tendencias, de ser capaz de mirar el pasado y ver lo que nos pasa actualmente para que de esta forma podamos predecir lo que podría pasar en el futuro, puede tener un impacto significativo en el éxito de nuestro negocio y en nuestras vidas.

Otra palabra para esta habilidad es también conocida como la **"pre-visión".**

En una entrevista reciente, el presidente de una gran empresa distribuidora de carnes expreso cómo hace unos cuántos años, sus productos más vendidos eran jamones enlatados, pero que hoy en día, con más mujeres trabajadoras y con menos tiempo para estar en la cocina, apenas y se vendían los jamones enlatados. Hoy su pilar de ventas son las comidas pre-cocinadas.

Sin **pre-visión** o la habilidad de mirar hacia adelante y predecir con una certeza razonable qué podría pasar en un futuro cercano, una compañía perdería su posición competitiva y se encontraría en serios problemas.

Usted como propietario de un negocio, debe pensar seriamente en mantenerse al corriente de los cambios de la industria, nuevas leyes, impuestos, tendencias de compra de sus clientes y otros factores que podrían afectar a sus ventas ya sea de forma positiva o negativa.

Luego, debe tomar los pasos que sean necesarios para prepararse y enfrentar esos cambios.

También deberá posicionarse en las mentes de sus clientes como el experto que conocen y del que dependen, de lo contrario no habrá ninguna ventaja sobre su competencia y sus clientes no confiarán en usted.

Tenga **pre-visión**.

4. Demostrar liderazgo

La cuarta capacidad o habilidad que debe desarrollar para tener éxito espectacular y contundente, es el **liderazgo**.

El liderazgo es la habilidad de ponerse al mando, tener control en lo que hace, servir como un ejemplo para otros y movilizar o influenciar a a las personas a tomar acción.

Cuando está trabajando con un cliente potencial o con un consumidor existente y usted ya haya identificado y analizado sus necesidades, dependerá siempre de usted el preparar y recomendar un plan de trabajo o una propuesta buena y factible que le ayudará a ese cliente a satisfacer sus necesidades, el ofrecer un plan que sea adecuado para su situación es vital y que esté dentro del presupuesto de su cliente.

No depende del cliente decirle a usted qué es lo que el quiere porque se supone que usted es el profesional, debido a esto su cliente se ha acercado a usted buscando ayuda y consejo.

Se supone que usted tiene mucha más experiencia, conocimiento y entendimiento de sus productos o servicios, y de lo que pueden hacer por ellos.

Dependerá de usted ponerse al frente, asumir la responsabilidad de darle la satisfacción y resolución a sus problemas, necesidades y deseos de sus clientes sin necesidad de mentir o utilizar trucos o engaños. Siempre sea honesto y ensene su **liderazgo.**

Y si usted usa su **liderazgo** y lo asume con la mezcla apropiada de profesionalismo, honestidad, conocimiento y confianza, usted se sorprenderá de cuánta gente tomará su consejo, comprará sus productos o servicios y lo seguirá como su **líder**.

5. Habilidades persuasivas de venta.

Esto se refiere a la habilidad de vender bien. Como se habla, como uno debe de expresarse al comunicar el mensaje a su prospecto.

Es sorprendente lo poco que muchas personas en negocios saben sobre vender de una forma profesional.

Poder o saber vender es una de las habilidades más importantes que usted como profesional de negocios puede tener. Eso hace toda la diferencia.

Muchos de sus clientes potenciales (prospectos) y sus clientes actuales saben lo suficiente sobre lo que sus productos y servicios pueden hacer por ellos.

Debe de considerarse el hecho que probablemente ya han hablado con otras personas, han leído varios artículos en algunas revistas, incluso han visto un programa o dos en televisión, han revisado mas información en el internet y basándose en esto ellos creen que saben exactamente lo que necesitan y en algunos casos, pueden estar en lo correcto. Pero en otros casos, están muy lejos de la verdad.

Usted debe de mostrarle a sus clientes que no solo usted tiene calidad humana si no que usted también es un vendedor exitoso.

Al hacerlo, terminará dándoles mejores soluciones y mejor valor por el dinero invertido, les ahorrará tiempo y dinero y los ayudará a tener una mayor tranquilidad porque saben que ellos tienen en usted o en su empresa los mejores productos y servicios para ellos.

También se sentirán bien sobre todo al darse cuenta de que su selección de lugar para hacer negocios fue la correcta, si saben que han tratado con un profesional real y verdadero que realmente se interesa por ellos, por sus necesidades y por darles la satisfacción y tranquilidad que ellos buscaban.

Usted también se beneficiará de su esfuerzo e, ya que se sentirá bien con usted mismo y el trabajo que ha hecho por su cliente sabiendo que usted a creado valor y beneficio.

Cuando esto comienza a ocurrirle con casi cada uno de sus clientes, eso lo llevará a ser más efectivo y profesional con cada cliente actual o en su siguiente entrevista con un prospecto o una nueva venta.

Por si esto fuera poco, su cliente, al sentirse satisfecho con lo que usted ha hecho por él, se sentirá inclinado a decirle a otros de su experiencia, lo recomendara y se convertirá en una persona leal a su negocio.

Ponga atención y enfóquese en lo que le acabo de mencionar. Créame, las personas responden ante las experiencias personales de gente que **respetan** y responderán a usted si se esfuerza en saber como desarrollar sus **habilidades persuasivas de venta** porque hoy en día es difícil encontrar un profesional o negocio verdadero que no solo hable y prometa, si no que también lo demuestre con hechos, de esto hablaremos en seguida.

6. Tomar Acción

La sexta habilidad que debe desarrollar es una de las mas importantes ya que sin esta, nada ocurre, me refiero a **tomar acción**.

Todas las cosas que hemos discutido en este capítulo no le servirán a usted ni a nadie (por ejemplo, a sus clientes) si no las pone en acción y hace algo al respecto.

Recuerde, **la acción** es la clave. Como discutimos anteriormente, lo importante no es lo que sabe o todo lo que habla, lo importante es que es lo que usted hace con ello, que hace usted con el conocimiento.

Recuerde una vez mas **Si sabe y no hace, ¡No sabe!**

El éxito verdadero en los negocios o en la vida, es un proceso continuo.

Esta frase del Sr. Joel Weldon lo dice muy bien:

"El camino hacia el éxito siempre está en construcción"

Algunas personas dicen que el conocimiento es poder. Pero no lo es así, depende de lo que se haga con el.

El conocimiento no es poder a menos que se

aplique, tomar acción con lo que se sabe es y será una pieza fundamental para poder triunfar.

Este capítulo le ha dado un conocimiento vital para ser exitoso en los negocios y mejorar la calidad de su vida al poder alcanzar a tener éxito.

Ya sabe que tiene el conocimiento que ayudara a mejorar su practica, sus productos o sus servicios, ahora dependerá de usted y solo de usted el poner en práctica ese conocimiento que no solo le beneficiará a usted si no que también beneficiara a su clientela.

> "Si tu persona como producto creado no sirve, tu negocio tampoco".
>
> Eduardo George

2

¿Cómo lo perciben sus clientes?

Estableciendo una percepción confiable y responsable en las mentes de sus clientes

Cuando usted piensa en las palabras.. "Confianza", "profesional" y "necesario", ¿qué imágenes se le vienen a su cabeza?

¿Se visualiza a un médico, un dentista, un abogado o quizá a un presidente de una gran empresa?

¿La imagen del dueño, de un administrador de un negocio le pasaron por su mente?

¿Cuál es el criterio que usted usa para definir a un "profesional confiable y necesitado"?

¿Qué criterio usted piensa que es utilizado por otras personas, por ejemplo, sus clientes?

¿Cómo cree que ellos definen a un "profesional confiable y necesitado"?

Los servicios que usted ofrece para sus clientes diariamente, tienen un gran impacto en ellos, en sus familias, en su personal, en sus empleados o clientes si ellos mismos tienen negocios, y también tienen un impacto en sus futuros financieros.

La forma en que maneja su negocio y las necesidades de sus clientes diariamente, dice mucho sobre usted, su empresa y sobre la posición que usted ocupa en sus mentes.

La verdad es que su negocio o profesión debería ser vista tan "profesional" como cualquier otra, incluyendo medicina, odontología, derecho o cualquier otro tipo de negocio. Nunca reduzca o permita que alguien reduzca lo que usted hace, sobre todo si usted lo hace con trabajo arduo y total honestidad.

La pregunta crítica es:

¿Qué tan profesionalmente se desempeña usted dentro del ámbito de su profesión?

A pesar de que este libro no es un programa, curso, o entrenamiento en ventas, sí es importante saber que sin importar cuál sea su papel en los negocios o su profesión, de una u otra forma usted está envuelto en el maravilloso mundo de las ventas.

Solo debe aprender a mejorarse aprendiendo de la persona adecuada. Búsquela e invierta en usted.

En mi pagina de internet usted podrá obtener sugerencias.

Y si usted tiene personal o empleados implicados en ventas, es importante que usted conozca la siguiente información.

Diferentes tipos de persona en los negocios.

Al igual que las distintas personas o vendedores tienen sus personalidades diferentes y únicas, también tienen distintos niveles de habilidades cuando se trata de vender y proporcionar servicios a sus clientes.

A medida que discutimos las personalidades de varios tipos de vendedores y los clasificamos según sus niveles y sus habilidades, sin duda alguna usted reconocerá a algunas personas que conoce o que ha conocido en el pasado, y mientras lo hace, mírese a usted mismo con honestidad, para ver en dónde usted puede familiarizarse e identificarse a si mismo.

El visitador profesional

Esta persona no tiene problemas con hacer citas, de hecho, ¡le encantan las citas!

Le encanta visitar a las personas y hablar con ellas, le encanta conocerles e incluso tener discusiones casuales sobre los problemas del cliente.

Su conversación con clientes actuales o potenciales puede o no llevar finalmente al tema sobre cómo sus productos y servicios pueden beneficiarles, y si llega a ese punto, usualmente es instigado o provocado por el mismo cliente.

Una presentación de ventas usual será casi completamente oral, con muy poco o ningún material, productos, servicios o catálogos visuales, o propuestas impresas.

¿Usted cree que tal vez **el visitador profesional** es usted?

El recibe pedidos

A estas personas no les importa hablar con sus consumidores, clientes actuales, o clientes potenciales, siempre y cuando no sean ellos quienes tengan que hacer la llamada. Odian ese tipo de comunicación.

Se sienten incómodos haciendo citas y si fuera por ellos preferirían siempre que los clientes como por obra de magia llegasen a ellos.

El teléfono presenta un problema parecido para todas estas personas.

Si el teléfono suena, tomarán la llamada e incluso discutirán las necesidades del cliente pero les es difícil levantar el teléfono y marcar el número del cliente. Son un poco o demasiado perezosos, lo hacen solo cuando lo tienen que hacer.

Funcionan mejor en base a "precios bajos" y tienen problemas manejando las objeciones o los retos que un cliente pueda presentar, algo así como que les da pereza el problema o la pregunta que el cliente les de en ese momento.

Preferirían esperar hasta que alguien les pida algo específico y entonces no tendrán problemas para satisfacer la solicitud del cliente o de surtir el pedido.

¿Es usted un recibe pedidos?

El promotor

Estas son personas orientadas "a las ventas". Tienen un buen conocimiento del producto o servicio pero realmente les falta mucho que aprender.

Hablan mucho, usualmente dan sus secretos a lo tonto sin valorarse.

Usan sus habilidades sociales para tratar de llegar a todo mundo sin darse cuenta que solo serán generalmente "usados" o "ignorados",

Siempre están tratando de llamar la atención en las redes sociales sin realmente generar un éxito notable.

No se dan cuenta de lo que hacen y toman las cosas personales.

Cuando ellos reciben o tienen una oportunidad, debido a su necesidad o deseo de triunfo terminan equivocándose y metiéndose en mas problemas.

Cuando cometen un error o algo no sale bien, generalmente se conducen como conductores fugitivos y nadie los encuentra.

Estas personas asumirán que el cliente tiene cierto nivel de conocimiento del producto o servicio y pasarán muy poco tiempo o ninguno, estableciendo un vínculo.

Estas personas están orientadas al producto, servicio, o al precio. Su presentación se basará completamente en las características y precio del producto o servicio, con poco interés sincero sobre si el producto o servicio beneficiará a los clientes.

El promotor es el tipo de vendedor más prevalente que podrá encontrar.

Los televendedores que trabajan en un mercado de consumo se ajustan adecuadamente a esta categoría.

Parece que nunca falla. Puede que usted recién haya llegado a casa después de un día difícil y se esté relajando con los niños, con su pareja o conyugue, trabajando en el patio o quizá cenando, cuando de repente suena el teléfono y es para usted. La persona del otro lado del teléfono empieza inmediatamente su presentación sin importarle quién es la persona a quien están llamando.

Si usted conoce a la persona, también se dará cuenta que todo gira en torno a ellos y sus necesidades, nunca enseñan un interés sincero en si usted esta bien, si le falta algo, si es feliz, etc. Solo les importa en general sus beneficios propios. Todos quieren "manejar" su vida.

Regresando a el área profesional, para la mayoría de las personas, especialmente vendedores expertos, esta incomodidad y el nivel de incompetencia del vendedor son una molestia, ya que en este tipo de llamadas, el vendedor no muestra preocupación por el tiempo del cliente potencial, si le incomoda, cuál es su nivel de conocimiento actual del producto o si tiene alguna necesidad, deseo o anhelo de saber más sobre lo que venden.

El que llama supone que lo que él ofrece al cliente potencial en términos de producto, servicio piensa que es igual o mejor que lo que tiene el cliente actualmente y que todos los potenciales clientes estarán interesados en su precio, producto o servicio.

Este tipo de enfoque es un insulto al consumidor o cliente y es uno de los mayores errores que puede cometer un vendedor.

¿Es usted o conoce a alguien dentro de su circulo profesional o familiar que es un **promotor?**

El solucionador de problemas

Estos son los vendedores que disfrutan estar frente a las personas sacando a la luz los problemas, necesidades, deseos y hablando sobre soluciones realizables.

Estos vendedores tienen empatía hacia el cliente, pueden ver las necesidades del la persona **desde el punto de vista de cliente** y disfrutan ayudándoles a resolver sus problemas.

El **solucionador de problemas** es muy bueno para establecer un vínculo o relación con el cliente potencial e identificando sus necesidades, deseos y anhelos, para así desarrollar propuestas creativas que los satisfagan, dándoles tranquilidad, confianza y haciendo presentaciones efectivas.

El problema que tienen es de que cuando llega el momento de preguntar por el pedido o cerrar la venta, se tensionan, pierden la confianza y fracasan en cerrar la venta.

Sus clientes perciben algo que en ese momento los asusta, y al tener sus necesidades identificadas y las soluciones presentadas, terminan yendo a otro lugar o con otra persona que les da un "mejor precio".

Este vendedor ha hecho todo el trabajo y ahora un **recibe pedidos** obtendrá la venta y la comisión.

Después del promotor, este es el segundo tipo

más común de vendedor. ¿le suena familiar a usted? ¿Es usted un solucionador de problemas? ¿o una mezcla de todo un poco a lo mencionado anteriormente?

El consejero

En el mundo de negocios, no es raro que las compañías o corporaciones tengan abogados o "consejeros legales" contratados como parte de su personal para que les aconsejen en materia de leyes, impuestos, fusiones u otras situaciones legales o complejas.

El consejero sabe que cuando se habla de importantes decisiones de compra, sus clientes (ya sean compañías, corporaciones o individuos) no son diferentes.

Para ellos, comprar un tipo de producto o servicio es un tema serio que no debe tomarse a la ligera y puede ser una herramienta importante para resolver una necesidad, satisfacer un problema o mejorar ganancias, comodidad y estilo de vida.

Ellos saben que sus clientes necesitan una representación profesional y cualificada, así como consejos, y el consejero hará lo que sea necesario para ser quien se los proporcione.

Al igual que el consejero legal de una corporación, este vendedor se presenta como que siempre está "disponible o alcance, siempre dispuesto para dar consejo en todos los aspectos relacionados con los productos o servicios que vende.

No dejan duda en la mente del cliente de que no hay ninguna necesidad para ellos de irse a otro lugar a buscar respuestas a sus problemas, porque sus productos o servicios pueden resolverlos.

El consejero sabe cómo establecer el vínculo, crear una confianza y credibilidad profesional, identificar los problemas actuales del cliente, desarrollar propuestas efectivas, ofrecer soluciones creíbles, realizables y hacer la presentación de tal forma que los clientes estén seguros de que deben comprar los conceptos que presentan y por lo tanto, su producto o servicio.

Además, tienen la habilidad de señalar otros problemas potenciales que el cliente pueda encontrarse y los ayudan a resolverlos también.

Esta persona opera como un campeón profesional de billar, que antes de tirar, analiza con cuidado la distribución de las bolas sobre la mesa para determinar dónde podrá hacer los siguientes dos o tres tiros de la mejor forma.

Entonces, tira con precisión y dirige hábilmente la bola a un lugar determinado donde estará lista para el siguiente tiro. Son calculadores.

Los vendedores que funcionan a este nivel de habilidad, también revisan cuidadosamente las necesidades de sus clientes, tanto los satisfechos como insatisfechos y ponen en marcha un plan para satisfacer esas necesidades, ya sea ahora o más tarde, en un momento más conveniente.

Pocas veces se enfrentan a objeciones porque el consejero se ha tomado el tiempo para anticipar qué objeciones podrían surgir, por adelantado ya integró las respuestas a las posibles objeciones dentro de su presentación. Cuando termina de presentar, el prospecto se queda sorprendido y generalmente no tiene ninguna pregunta.

Este vendedor podrá hacer todas las ventas a los clientes que el desee, no por el precio sino porque el cliente sabe que el vendedor realmente se interesa por él, comprende sus necesidades y está dispuesto a tomar el tiempo de identificar esas necesidades claves, ofreciendo soluciones realizables y confiables.

¿Es usted un **consejero**?

¿Cuánta confianza le inspira a sus clientes?

¿Cómo lo ven sus clientes? Es decir, cuando las personas con las que usted trata a diario (clientes actuales y potenciales) ¿lo ven como alguien con quien ellos están considerando hacer negocio?, ¿a quién están viendo o que imagen tienen de usted?

¿Es usted alguien a quien ellos clasificarían como la "típica persona de negocios", es decir, alguien del montón que intenta vender otro producto o servicio o que simplemente está usted más interesado en la venta o comisión que recibirá de ellos?

¿O cree usted que sus clientes lo ven como un consejero, es decir, alguien que les cae bien y con quien se sienten identificados, que realmente está interesado en ellos, que se asegura de tener el producto correcto o servicio para sus necesidades individuales y específicas al mejor precio posible?

¿Piensa usted que en el caso de que el producto o servicio que le han comprado no les funcione o no estén satisfechos por alguna razón, usted estaría dispuesto a hacer todo lo posible para solucionarlo?

La forma en que usted responde a esta pregunta básica e importante, es crítica para su éxito y la sobrevivencia a largo plazo de su negocio.

Puede significar la diferencia entre un enorme éxito, la mediocridad o un fracaso abismal.

También es un círculo vicioso porque si sus clientes lo ven como un desperdicio de tiempo o un estafador, o alguien que habla mucho y no hace nada aunque no le digan explícitamente, usted lo percibirá de forma implícita y actuará de esa forma también, reforzando la imagen que el cliente tenga de usted. Una acción constante al reaccionar conlleva a lo mismo siempre.

Por otro lado, si sus clientes lo reciben como a un consejero o asesor, es decir, alguien que armoniza con sus mejores intereses en mente, alguien que pueda ayudarlos a identificar y resolver sus problemas, entonces se sentirán bien con usted, tendrán gratitud y gracias a eso, usted también se sentirá bien con usted mismo agradecido por la buena relación con su cliente.

Usted será y actuará más profesional, con más confianza y será capaz de ayudar a su cliente de mejor forma a resolver sus necesidades y problemas.

Mientras cumple con su papel de solucionador de problemas, no podrá evitar reforzar o fortalecer esa imagen positiva tanto en su mente como en la del cliente potencial y cliente actual.

Lo que sus clientes realmente quieren

Como una persona de negocios, es importante que usted entienda que solo el 38% de la razón por la cual la gente compra los productos o servicios que usted ofrece, es por el producto o servicio en sí mismo.

El otro 62% de la razón por la que compran es por lo que usted puede hacer o proveer a su cliente más allá del producto o el servicio y lo que el producto o el servicio hagan por el cliente.
En otras palabras, si usted está intentando vender a sus clientes **productos y servicios**, está malgastando su tiempo.

Solo están interesados en un 38% en esos productos y servicios pero están interesados en un 62% de los beneficios que **usted o su empresa esté ofreciendo**.

Ponga atención..

Las probabilidades son altas de que sus clientes actuales y potenciales puedan comprar los mismos productos o servicios (o al menos productos o servicios similares) de cualquier otro de sus competidores, de hecho, ese producto o servicio de su competidor podría ofrecer también una serie de ventajas adicionales que superen lo que usted ofrece.

Podrían tener un precio más bajo, mejor calidad de producto, bonos adicionales o servicios extras, podrían tener una mejor ubicación o un plan de pago que mejore o se ajuste a su presupuesto.

En el mercado difícil y competitivo de hoy en día, no es fácil competir por precios, productos o servicios.

Usted podría tener alguna ventaja por un cierto periodo de tiempo al tener un precio más bajo que sus competidores, pero usted y yo sabemos que eso no dura mucho como lo discutimos al principio de este libro.

La verdad es que usted nunca será capaz de mantener a largo plazo una posición competitiva en el mercado debido a los precios que cobra o los productos que ofrece.

Solo será cuestión de tiempo antes de que cualquiera de sus competidores baje sus precios, imite o mejore sus productos, servicios o que usted simplemente tenga que aumentar los precios porque ya no tiene los márgenes de ganancia necesarios para justificar sus precios.

Pero si usted sigue las sugerencias que le esta brindando este libro, usted sabrá que hay una cosa que sus clientes nunca podrán obtener de sus competidores y eso es **usted**, su empatía, la manera única, su atención y su experiencia para resolver sus problemas.

Su conocimiento, su interés, su educación y compromiso hacia el cliente que usted aporte a su situación única y especifica será lo que su cliente nunca podrá obtener de su competencia.

¿Productos, servicios o consejos?

Así que es importante preguntarse a usted mismo continuamente (siendo honesto) la siguiente pregunta:

"¿Cómo cree usted que sus clientes, las personas que negocian con usted, sus clientes actuales y potenciales, lo ven?"

Es una pregunta que usted debería hacerse de una manera sincera y profunda.

Le mostrare un ejemplo de un método fácil que se puede utilizar para averiguarlo.

Tome una hoja de papel y dibuje una línea por la mitad.

En la parte o columna izquierda superior, marque la "Productos y servicios" y en la parte derecha superior marque "Sugerencias y consejos".

Cada vez que esté en contacto con un cliente antiguo o con un cliente potencial, sin importar que ellos le llamen o tengan una reunión mirándolos cara a cara, evalúe el propósito general de la reunión.

Productos y servicios	Sugerencias y consejos
| | | | | | | | | | | | | |	| | | | | | | | | | | | | | | | | | | | | | | | | | | | | | | | | | | | | | |

¿Su cliente lo buscó por los productos o servicios que le proporciona?

¿O cree que lo buscaron por ayuda, por sugerencias, por un consejo o asesoramiento para que le ayudara a tomar una decisión que resolvería una necesidad particular o algún reto al que se estaban enfrentando su cliente o prospecto?

Una vez haya determinado la razón, haga una marca en la columna apropiada.

Es importante que al final del mes, evalúe los resultados de su lista.

Si tiene más marcas en la columna de "Productos y servicios" que en la de "Sugerencias y consejos", sabrá muy bien qué percepción tienen sus clientes de usted, pero además, sabrá qué es lo que usted necesita cambiar de esa percepción y le ayudara a mejorarse así mismo beneficiando a su negocio.

Puede empezar a desarrollar e implementar un plan de acción que se enfoque en mejorar su imagen a los ojos de sus clientes.

Luego podrá volverse a evaluar dentro de varios meses y al comparar la hojas de evaluación en un período entre 6 meses a un año, podrá ver claramente el progreso que está haciendo.

Mejorar no es fácil para muchos pero a menudo, la mayoría de personas desconocen sus áreas débiles o dónde necesitan mejorar.

Si aprenden a separar o aislar esas áreas en las que necesitan mejorar, podrán empezar a tomar los pasos necesarios para realizar un cambio positivo dentro de sus vidas, ayudándoles a mejorar sus negocios y brindando un mejor servicio.

3

¿Cuál es su verdadero valor? ¿Usted cuánto vale?

Estrategias para determinar e incrementar su valor ante los ojos y mentes de sus clientes

Usted está en este negocio por usted mismo. Es decir, usted lo busco.

Usted puede ser propietario de su propio negocio o puede estar asociado con otra persona, compañía o firma, ya sea como empleado, socio o consultor independiente.

Su contrato o arreglo laboral no es realmente importante.

Lo importante es que se dé cuenta que no importa el contrato o la situación en la que se encuentre actualmente porque usted está trabajando por usted o para mismo.

Si trabaja por comisión, por ejemplo, las ventas que haga no solamente ponen dinero en los bolsillos de su empleador sino también en el suyo.

Entre más venda, más dinero hará. Solo debe considerarse a usted mismo como un negocio que prospera o fracasa financieramente dependiendo de la cantidad de dólares de comisión que genere.

El punto es que, aunque esté trabajando o este asociado con otra compañía o persona, usted realmente está trabajando para usted mismo para incrementar la cantidad de dinero que gana para usted.

En ocasiones, la ventaja es mejorar intelectualmente, aprendiendo de la persona o empresa para la cual usted esta trabajando o con la o las personas con las cuales usted se ha asociado.

Las tres claves secretas del éxito

Es importante entender que la clave de su éxito en lo que haga en su negocio o en su vida, siempre estará determinado por tres cosas:

1. La necesidad o demanda por lo que hace,
2. Su habilidad de hacerlo y
3. La dificultad que haya en reemplazarlo.

En otras palabras, ¿qué tan valioso es usted y el servicio que ofrece, para las otras personas?

Para ilustrar este punto, apliquemos la fórmula de los 3 pasos a un trabajo de operador de elevadores o ascensores.

En el mundo actual los elevadores o ascensores con botones que funcionan solos, ¿qué tanta necesidad hay para ese trabajo?

La mayoría de las personas están en capacidad de hacer funcionar un ascensor sin ayuda y no se necesita mucho conocimiento o entrenamiento, así que un operador puede ser reemplazado sin demasiada dificultad. Como resultado, a los operadores de ascensores, si es que usted logra encontrar alguno, no se les paga mucho.

Ahora, compare al operador de ascensor y el dinero que esa persona gana con un jugador de béisbol profesional de las ligas mayores, específicamente uno que sea bueno bateando o lanzando la pelota.

¿Qué **necesidad hay para lo que hace**?

Con tan solo mirar las estadísticas de asistencia a los juegos de béisbol de ese equipo en particular, podrá ver que muchos fanáticos están interesados en ver lo que hacen, como ganan gracias a ese jugador o jugadores profesionales, así que la necesidad es mucho mas grande y no tan fácil es reemplazable.

¿Y qué tal la **habilidad de hacer a lo que se dedica**?

Los analistas deportivos dicen que la acción de golpear una pelota que se mueve hacia usted a 99 o 100 millas por hora es uno de los movimientos más difíciles en todos los deportes.

En el juego de basquetbol o baloncesto, el objetivo (meter la pelota en el aro) no se mueve u ocurre igual como en el golf, donde aunque la pelota se mueve, el hoyo permanece quieto o como en el fútbol que existen 11 compañeros de equipo con la meta común de hacer avanzar la pelota y anotar el gol en la portería.

Pero en el béisbol, es solo el bateador el que intenta pegarle a una pequeña bola a 99 o 100 millas por hora con su bate, al igual que el lanzador tiene siempre la meta de que el bateador no pueda pegarle a su bola lanzada, así que podemos suponer que entre mejor o más veces un bateador le pegue a la pelota, será mejor compensado, al igual que el lanzador que ponche a mas bateadores también será mejor pagado.

¿Y qué pasa con la **dificultad de ser reemplazado** para un buen bateador o para un buen lanzador?

Cuando solo el mejor puede pegarle al blanco menos de una tercera parte del tiempo y la gran mayoría lo hacen mucho menos que eso, entonces no cuesta mucho entender por qué los mejores bateadores tienen los mayores ingresos de mundo al igual que los mejores lanzadores.

Consiguiendo increíbles recompensas

¿Y qué pasa con usted, **cuanto vale usted?**

Se dice que se puede saber qué tan profesional es una persona por la cantidad de sus ingresos a fin de año.

¿Le hace pensar? ¿se sigue considerando muy valioso? ¿esta siendo sincero con usted mismo? O ¿esta finalmente aceptando su realidad? Algo que debe de darle tranquilidad es que no importa que tan mal las cosas se hayan hecho, lo importante es de que **USTED TODAVIA ¡LO PUEDE CAMBIAR!**

Y usted puede saber exactamente qué tan valioso es el servicio que ofrece dependiendo de cuánta gente está dispuesta a pagarle a usted por ese servicio.

Si hace el mismo trabajo que todo el mundo hace y no lo hace mejor que como ellos lo hacen, no puede esperar ganar más dinero o ser considerado más valioso que esas otras personas.

Ponga atención…

El mercado no importa cual sea, por naturaleza le recompensará con pagos superiores solo por productos y servicios **superiores**.

De igual forma, le recompensará con pagos comunes y corrientes o inferiores por productos y servicios corrientes y le recompensará con productos inferiores por productos y servicios **inferiores.**

En otras palabras, será recompensado en proporción directa al valor que proporcione a sus clientes.

No tiene escapatoria porque esta es la ley de la naturaleza, **leyes universales** nunca fallan.

Para información de entrenamiento en conocimiento de leyes universales y cursos de superación de éxito en negocio visite mi pagina y busque los cursos ofrecidos por un servidor.

Ahora, si los productos y servicios que vende o proporciona son similares en cobertura y precio a los del resto de la gente (hoy en día, casi todos lo son), entonces la diferencia entre usted y otras personas en su posición tiene que ser el tipo y la cantidad de servicio personal que ofrezca a sus consumidores y clientes.

Solo eso hará una diferencia.

Y por esta razón, esta tiene que ser un área en la que se destaque y se convierta en su única ventaja competitiva.

Garantizando su éxito

Entonces, una de las claves principales para triunfar en un negocio o en cualquier cosa que haga en su vida, es ser el **número uno** y asegurarse de que hay una gran **necesidad o demanda por lo que usted hace.**

Una de las mejores formas de garantizar esto es asegurarse de que solo invierta su tiempo vendiendo sus productos o servicios a clientes potenciales que sean calificados, es decir, personas que necesitan, quieren y puedan pagar por lo que usted vende u ofrece.

Puede haber personas que necesitan o quieren lo que usted ofrece pero si no lo pueden pagar o si usted no puede establecer opciones de pago apropiadas para ellos, desperdiciará una eternidad de tiempo y no llegará a ningún lado.

Por otra parte, puede haber personas que tengan la habilidad de pagar pero no tengan la necesidad ni el deseo de hacerlo.

En esos casos, también puede desperdiciar un tiempo considerable, porque seguramente no obtendrá una venta de todos sus esfuerzos.

El segundo punto es que a usted le pagan en

proporción directa a su **habilidad de hacer lo que hace**, es decir, para identificar, ajustar y vender los productos y servicios que usted ofrece a sus clientes potenciales y clientes actuales, posteriormente satisfacer sus necesidades a medida que vayan surgiendo.

En algunos negocios, la única función de los vendedores es buscar prospectos de clientes calificados y venderles los productos y servicios que ofrece el negocio en particular.

El trabajo de satisfacer sus necesidades se lo proporciona una oficina o un equipo de servicio al cliente. En otros negocios, cada vendedor es responsable en todas las formas por cada una de las necesidades de sus clientes, desde la venta inicial hasta el punto de proporcionar el servicio que el cliente necesita, incluyendo actualización del producto o servicio, quejas, cambios de dirección o cualquier otro servicio que pueda necesitarse.

Entonces, el factor determinante no es saber cuáles son sus responsabilidades sino saber qué tan bueno es usted o su personal llevando a cabo esas responsabilidades.

Tercero, recuerde que le están pagando en proporción directa a la dificultad que existe de **reemplazarlo.**
Al pensar en esta área en particular podemos usar

como ejemplo a Disneyland y el mundo de Disney.

Basándonos en el año 2007. El parque de diversión de Disneyland recibió un aproximado de 14,878,000 visitantes en un año, 40, 761 visitantes por día, sin incluir al otro parque llamado California Adventure.

En cuanto a atracciones, tienen muy poca competencia y en cuanto a parques temáticos.

Si usamos los números aproximados y de forma hipotética ya que ahora los números podrían ser diferentes, pero utilizando los números iniciales, el parque recibiendo diariamente alrededor de 40,761 visitantes al dia y pagando un promedio de $98.00 dólares por persona adulta, la cantidad de dinero colectado en ese día es cercano a los 4 millones de dólares.

Las propiedades de Disney están a años luz de tener competencia que pueda superarlos no solo por ser tan únicos pero por su calidad de servicio también.

¿Y por qué es esto siempre así?

Porque cumplen el criterio de **la fórmula de los tres pasos.**

Consideremos cada uno de los pasos de la

fórmula y cómo aplican a Disney.

Primero,

¿hay una necesidad para lo que hacen? ¡Absolutamente! El entretenimiento es el negocio más grande en el mundo y de crecimiento más rápido actual tanto en cuanto a participantes como cuanto a ganancias en dólares.

Segundo,

¿Qué tal es la habilidad de Disney de hacer lo que hacen? Con millones visitando todos sus parques a nivel mundial anualmente, la evidencia indica que están haciendo cosas correctamente, siempre mejorándose.

Y finalmente el tercero,

¿Qué tal la dificultad para reemplazarlos?

Nadie se ha acercado a su éxito y con esos millones de personas gastándose millones de dólares colectivamente, es muy posible que las personas que visitan las propiedades de Disney estén bastante satisfechas.

La ley de atracción en términos de Walt Disney

Walt Disney era un hombre con una extraordinaria visión y capacidad de previsión.

A pesar de que el tuvo contratiempos antes de convertir su legacía en una realidad, el nunca se rindió. Siempre continuo hasta obtener su propósito.

Él sabía qué era necesario para que un negocio fuera exitoso.

En el área de negocios que Walt Disney escogió, el desarrolló una fórmula que expresaba su filosofía y que podía ser usada en cualquier tipo de negocios para garantizar su éxito.

La llamó "**Ley de abundancia ilimitada**".

Walt Disney expresó que no importaba qué tipo de negocio o emprendimiento la persona tuviera, esa persona podía ser exitosa y disfrutar de una **abundancia ilimitada** siempre y cuando la persona siguiera su fórmula o plan de trabajo.

La "Ley de abundancia ilimitada" afirmaba que para poder ser exitoso, la persona debería hacer lo siguiente…

"Usted debe hacer lo que hace tan bien que las personas que lo vean haciéndolo, querrán verlo haciéndolo de nuevo y llevarán a otros para que lo vean a usted hacerlo vez tras vez"

Ese es el credo que construyó el enorme éxito de Disneyland y todos sus parques a nivel mundial y en su área de operación, no hay quien compita o lo supere.

¡Lo que la ley de Walt Disney puede hacer por usted!

También podría ocurrirle algo similar o algo pasar parecido en su mundo de negocios.

Ponga atención…

La clave es **"hacer lo que usted hace"** no lo que **otra** persona hace. Sea **UNICO**.

No necesita imitar, simplemente haga su trabajo de la forma que solo **usted** puede hacerlo.

Eso es lo que hace que usted sea especial, lo que lo diferencia de los demás y atrae a las personas hacia usted.

Entonces, si esta decidido a hacer lo que hace **"tan bien",** es decir, que usted siempre proveerá de una forma **excepcional** el tipo de servicio que sus clientes pidan, quieran o necesiten sin dejar espacio a la pereza ni a la mediocridad, ese **"tan bien"** implica un desempeño y disciplina excepcional.

Y si hace eso **"tan bien"**, **"las personas que lo vean haciéndolo" (sus clientes), "querrán verlo haciéndolo de nuevo"** (o sea volver por más) y **"llevarán a otros para que lo vean hacerlo vez tras vez"** (referidos), y de esa forma, usted obtendrá un **éxito incomparable** y difícil de igualar por sus competidores.

Debido a que muy pocas personas se desempeñan en sus negocios de esta forma, seguir esto lo diferenciará completamente de toda la competencia.

Los clientes no podrán conseguir ese tipo de servicio de ninguna otra persona o lugar.

Sencillamente no estará disponible en ningún otro lugar, a ningún precio.

Así que, por inercia, usted se convierte en alguien único, diferente y difícil de reemplazar;

Esto se verá reflejado en su negocio y sus ingresos. Tiene que ser así, no hay más alternativas.

Es algo básico y corresponde a una ley eterna de la naturaleza: usted siempre cosechara los resultados de las semillas que usted ha sembrado.

Es verdad… Usted cosecha lo que usted siembra

La pregunta que debe hacerse y responderla mentalmente es:

"¿Qué tipo de semilla voy a sembrar para poder cosechar las recompensas que deseo tener?"

En el mundo de los negocios, esta es una pregunta crítica la cual requiere de usted concentración y mucha sinceridad así que usted le haría bien en tomarse tiempo para responder.

El hecho es que la mayor parte de las personas de negocios, sencillamente no entienden la importancia real que tiene responder a esta pregunta.

Ponga atención..

Muchas personas entran a un negocio porque es algo que siempre quisieron hacer o porque quieren cierta cantidad de libertad o porque quizá deseaban convertirse en sus propios jefes.

Esas razones no son necesariamente razones malas pero son razones egoístas en gran parte y aunque suenen bien en la superficie, en la realidad, muchas de ellas no son muy prácticas.

Si usted inicia un negocio por razones egoístas (solo pensando en usted y en su beneficio) y falla en dar a sus clientes lo que merecen ya que sus intenciones son solo las de su beneficio, sus oportunidades de tener éxito posiblemente disminuirán por los obstáculos que tendrá que enfrentar.

Los negocios, al igual que la agricultura, requieren que usted haga ciertas cosas en cierto orden si usted quiere tener una cosecha abundante.

Para responder a la pregunta:

"¿Qué tipo de semilla voy a sembrar para poder cosechar las recompensas que deseo tener?"

Es muy sencillo: solamente debe leer la pregunta al revés.

Primero,

Pregúntese **¿qué tipo de recompensas desea?**

Segundo,

Pregúntese **¿qué tiene que hacer para cosechar esas recompensas**?

Y tercero,

Pregúntese **¿quién puede darle esas recompensas?**

Lo que debe tener presente a pesar de ser propietario, trabajar o representar a cierta compañía u organización, es que ni esta ni ellos no son quienes le pagan.

¿Usted quiere realmente saber quien paga por su salario o ingresos.

Lea lo siguiente..

¿Quién firma realmente sus cheques de ingreso?

En realidad el que firma sus cheques de ingresos, es el cliente quien los firma y a pesar de que usted debe de velar por los intereses de su compañía, no debe perder de vista que el cliente es el jefe.

Simplemente no vea a su jefe de forma hostil (su cliente)

Ellos (los clientes) son la razón por la que su trabajo existe en primer lugar.

Ellos lo contratarán a usted para que usted los ayude a tomar buenas decisiones personales y de negocios.

Ellos confían en usted para ayudarles a satisfacer o resolver sus problemas y necesidades de una forma eficiente, honesta y le pagan por hacer su trabajo **BIEN HECHO**.

Son los anhelos, necesidades y deseos de **sus clientes** los que deberían determinar toda la actividad de su negocio.

¡SOLO ASI TENDRA ÉXITO!

Entonces, el siguiente paso lógico sería aprender y comprender cuáles son los anhelos, necesidades y deseos de sus clientes.

La única manera en que usted podrá descubrirlo sería llamándoles, entrevistándoles y preguntándoles, ya que es **muy importante** escuchar lo que dicen y como se sienten porque a veces puede haber otros deseos o necesidades que estén ocultas o que ellos no los expresen, o que no sean evidentes a simple vista.

Solamente cuando realmente comprenda las necesidades de sus clientes en su rama de trabajo y sus necesidades sean identificadas, solo así usted podrá ofrecerles un servicio honesto, de calidad haciéndoles sentir que ellos son verdaderamente importantes.

"Lo que te hace sufrir, ¡no sirve!

Osvaldo Roval.

4

La ciencia detrás de las ventas

Identificando los motivos básicos que hacen que sus clientes deseen comprar sus productos o servicios.

Aunque usted no lo crea existe ciencia detrás de cada tipo de venta.

Las personas no compran solo por el hecho de apropiarse de cierto producto o servicio, sino que compran por los beneficios que ellos sienten que recibirán como resultado de apropiarse de ese producto o servicio.

El ejemplo que tradicionalmente ha sido usado para ilustrar este punto es que en un año se vendieron 250, 000 taladros de seis milímetros, lo curioso de esto es que ninguna de las persona que compraron uno de estos taladros en realidad deseaban uno de estos taladros de seis milímetros, lo que ellos en realidad querían eran los beneficios que este taladro podría darles.. hacer agujeros.

Las personas compran sus productos y servicios por la misma razón, no por hacer agujeros, sino por los beneficios que los productos o servicios les ofrecen.

Pregúntele a 10 clientes potenciales o prospectos con los que se ponga en contacto, si ellos en realidad desean comprar un producto o un servicio que usted esté ofreciendo, lo más probable es que reciba una respuesta negativa.

Hay muchos factores que influencian a las personas para reaccionar de la forma en que lo hacen. Recuerde que cada persona tiene sus propias razones para hacerlo, su propia realidad.

Dejando a un lado las razones individuales de cada persona, es un hecho o una realidad que las personas no desean comprar **productos o servicios,** a menudo terminan sintiendo resentimiento por quienes intentan vendérselos.

Las personas compran por los beneficios

Consideremos la otra parte, si se le preguntara a la misma persona que antes rechazó su oferta, si quiere saber qué obtendrían, cuales serían los beneficios o resultados únicos por comprar o usar los productos o servicios que usted les está ofreciendo, lo más probable es que usted recibirá una respuesta positiva.

Puede que sean un poco difíciles en cuanto llegue al tema de lo que cobra por ese producto o servicio pero en la mayoría de los casos, la respuesta será "sí".

Al igual que con los taladros de seis milímetros, las personas no están interesadas en productos, sino que están interesadas en los beneficios que los productos o servicios les proporcionarán.

Como puede darse cuenta, tiene sentido que cuando usted esté haciendo una presentación, se enfoque en **los beneficios** no enfatice en los **productos**.

En lugar de hacer eso, debería hablar en términos de **beneficios específicos** y cómo estos beneficios aplicarían directamente al cliente potencial que tiene en frente de usted en ese preciso momento.

Como mencioné antes, cada persona es diferente y cada persona tiene sus propias razones, cada persona tiene su propia realidad para comprar o no comprar productos y servicios, sin olvidar que cada persona comprará por sus propias razones, **no las razones de usted** ni las de nadie más.

Si usted intenta vender algo por una razón diferente a la de ellos (beneficio solo de usted), usted corre el riesgo de desanimarlos y aniquilar sus deseos de compra, esto usualmente termina destruyendo sus posibilidades de hacer la venta en su momento, así como futuras ventas.

Intentar entender por qué las personas toman ciertas decisiones puede ser un proceso complicado y hasta frustrante, pero comprender los motivos básicos de los compradores le facilitará mucho más su trabajo.

¿Por qué deberían comprarle?

Los psicólogos nos dicen que hay siete motivos básicos que llevan a las personas a tomar acciones, que los llevan a comprar productos o servicios.

Comprender estos motivos y cómo aplican a sus clientes actuales y potenciales en el momento en que se está tomando la decisión de comprar, podrá darle una gran ventaja.

1. Deseo de ganar o beneficiarse

A nadie le gusta perder, por eso las personas quieren algo a cambio de sus esfuerzos y trabajo duro. Así, entre más fácil les sea conseguirlo, mejor para ellos.

El éxito de los juegos de lotería en los diferentes estados, es testimonio de que las personas intentan buscar una forma fácil de ganar y beneficiarse. La mayoría de las personas se quieren hacer ricos o beneficiarse trabajando o sacrificándose lo menos posible.

Los productos o servicios que usted vende también pueden ayudar a sus clientes a realizar sus sueños de ganar o beneficiarse.

Sus clientes pueden invertir, y lo harán en varios tipos de productos y servicios que usted ofrezca no solo por comprarlos si no que simplemente los puedan obtener sin un esfuerzo y sentir la posibilidad de incrementar sus beneficios y la cantidad y valor de sus propios intereses.

2. Miedo de perdida. Necesidad de seguridad.

Las personas harán todo lo posible para evitar perder algo. En un esfuerzo por proteger su propiedad, sus intereses, su trabajo.

Algunas personas ponen alarmas contra ladrones o incendios, detectores de humo o luces nocturnas con sensores automáticos de movimiento.

Algunas personas llevan latas de espray con gas lacrimógeno y otras han recurrido a llevar armas u otras armas para protegerse.

Los psicólogos dicen que el miedo a la pérdida o la necesidad de sentir seguridad es quizá la más importante de las motivaciones.

Si los productos y servicios que usted vende pueden ayudarle a proteger a sus clientes, sus familias o sus negocios de cualquier tipo de pérdida, o si de alguna forma pueden incrementar su seguridad actual o futura, lo que debe hacer es intentar enfatizar o resaltar ese hecho tanto y tan frecuentemente como le sea posible.

3. Orgullo de ser dueño de algo o distinción de estatus.

Las personas quieren ser vistas y reconocidas. Los niños pequeños manejan las bicicletas sin manos para llamar la atención y las niñas se disfrazan de princesas, juegan a tomar el te, hacen rutinas de baile y les gritan a sus padres: "¡Mírame! ¡Mírame!".

Los adultos hacen las mismas cosas pero de diferentes maneras y aunque no lo griten verbalmente, todavía dicen "¡Mírame! ¡Mírame!", solo que no tan alto o tratan de disimularlo.

Lo hacen con el tipo de automóviles que manejan, las mujeres con la ropa y el tipo de joyerías que llevan, las casas en las que viven y las cosas materiales que poseen.

Aunque las personas realmente compren por los beneficios, también les gusta que otros miren el producto.

En muchos casos, es solo otra forma de decir "¡Mírame! ¡Mírame!"

4. El interés por hacer las cosas de forma más sencilla o eficiente.

Todos queremos encontrar métodos para facilitarnos las cosas.

Solo debe de mirar alrededor de su casa o su departamento y ver la abundancia de objetos para ahorrarnos tiempo, dinero y esfuerzo que poseemos.

¿Y que tal sus productos y servicios? ¿Facilitan o hacen las cosas más eficientes de alguna forma para sus clientes actuales o clientes potenciales? ¿facilitan el trabajo de una persona o la manera en que un negocio opera?

Y si es así, ¿cuáles son los beneficios directos e indirectos para su cliente? ¿Es algo en lo que pueda enfatizar? **Demuestre las ventajas a sus clientes**

5. El deseo motivado por una emoción o el placer.

Posiblemente usted ha visto una calcomanía bastante popular o conocida que dice:

"Quien se muera con más juguetes gana"

Ese mensaje es una indicación clara de que las personas quieren sentir emoción, placer, satisfacción y además aparenta sugerir que todo esto proviene de el **"tener"** y no en el **"obtener".**

Quien tenga más al final ganará.

Pero en realidad, la "emoción" y el "placer" para la mayoría de las personas se obtiene al adquirir cosas materiales o ciertos logros.

Piense en las veces que se ha esforzado para conseguir algo y lo emocionado que estaba durante el proceso de conseguirlo.

Pero entonces, al lograrlo, eso por lo que estaba trabajando, la emoción, lo que sentía se opacó.

En algunas ocasiones no es el resultado el que cuenta sino el proceso de llegar a él. Es cuando se esta creando algo cuando mas se disfruta y se goza.

Una interpretación más práctica de la calcomanía podría ser:

"¡El que vive creando, gozando y adquiriendo más juguetes, gana!

Por supuesto, estas aplicaciones están relacionadas con "cosas materiales" y algunas personas realmente aman conseguir las "cosas materiales" hasta llevar una continuidad de cuánto ellos han acumulado.

Otras personas encuentran muy placentero o emocionante el saber que tienen aseguradas las necesidades futuras de educación y vivienda de su familia, así como sus jubilaciones o planes de retiro.

A los propietarios de negocios les gusta saber que sus negocios operan con una eficiencia y productividad máxima. Les gusta saber que están satisfaciéndose todas las necesidades de sus clientes y que como resultado, estarán mucho mas tiempo proporcionando trabajos, seguridad para sus empleados, para sus familiares, así como los fondos de jubilación para el dueño empresario cuando el negocio se venda.

6. Desarrollo personal o incremento en sabiduría.

Su inversión de dinero y tiempo en este libro y curso de éxito es un buen ejemplo de su deseo por su desarrollo y superación personal. Usted podrá mejorar si implementa este conocimiento **(SABIDURIA)** y mejorar su efectividad.

Las personas quieren y necesitan mejorarse. También ser capaces de hacer cosas de forma diferente.

Algunas veces eso implica tomar riesgos con el tiempo y el dinero pero no todos los riesgos tienen que ser realmente "riesgosos".

A veces se gasta una persona $100.00, $250.00, o $500.00 Dólares en una noche de fiesta o parranda sin recibir absolutamente ningún beneficio.

Los riesgos calculados en base a planes y resultados bien pensados son la forma más segura de hacer las cosas y pueden contribuir en gran medida a una mejora exitosa en su efectividad y eficiencia.

7. El deseo de ser o sentirse importante, incluyendo la necesidad de ser apreciado.

Según el psiquíatra, Dr. Abraham Maslow, esta es una de las necesidades básicas de todos los humanos: **"la aceptación y la apreciación".**

Los niños quieren ser aceptados por sus padres y compañeros, y los padres quieren que sus hijos los recuerden cuando ellos crezcan y se vayan de casa. (no todos los padres queremos que los hijos se muden)

En su libro, **El lado humano de las empresas**, Doublas McGregor explica que los trabajadores se motivan más por "los trabajos significativos" y por la sensación de ser necesitados y apreciados, que por el dinero que se les paga.

Las personas quieren hacer una diferencia y que las aprecien por ello.

Los padres y madres no solo tienen una obligación de velar por el futuro de sus hijos sino que también quieren que sus hijos entiendan y aprecien sus esfuerzos.

Los propietarios de negocios tienen una obligación con las personas que les compran sus productos y servicios, sus empleados que trabajan para ellos, las familias de sus empleados. Esto incluye a los proveedores y los vendedores que les venden a ellos.

Muy a menudo, cada uno de estos grupos de personas viven con una actitud de expectativa y de sentirse con derecho, es decir, que tienen la expectativa de que el propietario del negocio cuidará de ellos.

Qué mejor sería todo si se mostrara más aprecio por las personas que nos facilitan la vida, por las personas que son una fuente de ingresos, de subsistencia o una fuente de amor sin que las personas abusaran de la consideración o de el amor dado por esa fuente.

Si los productos o servicios que usted provee en el mercado pueden ayudar a que esto fuera posible, usted podrá tener un camino mas libre hacia el éxito por la gran demanda de gente insatisfecha que existe en este verdadero aspecto de la vida.

Si usted entiende estas motivaciones básicas y cómo aplican en su vida, sus relaciones familiares, amorosas, su negocio de ventas de productos y servicios, vendiendo u ofreciendo, proveyendo para satisfacer estas necesidades (explícitas e implícitas) de sus clientes potenciales y actuales, su familia, sus relaciones con la gente con la cual usted convive a diario usted podrá prosperar.

Y si usted no está prosperando, sencillamente significa que usted no ha descubierto las motivaciones que sus clientes tienen para comprarle y no está satisfaciendo esas necesidades específicas. En la mayoría de los casos, no podrá esperar que sus clientes le digan lo que quieren y será usted mismo quien deba ser capaz de reconocer sus necesidades.

Recuerde, usted es totalmente el responsable del éxito o fracaso de su negocio.

El mismo mercado le hará saber si lo está haciendo bien o lo esta haciendo mal.

Como ganar la confianza y lealtad de sus clientes

Los clientes son un campo de estudio interesante. Pareciera como que siempre quisieran lo mejor y por la menor cantidad que puedan pagar, además, son despiadados, egoístas, exigentes y desleales.

Usted sabe cómo es la historia. Usted ha hecho negocios con alguien por muchos años y ellos han sido buenos clientes.

Usted les ha dado el mejor servicio posible y usted cree que ya son sus clientes de por vida pero entonces, alguna pequeña cosa ocurre, algo que esta fuera de su control o ven un anuncio en algún lado que les atrajo, o los llama un competidor, alguien a quien nunca ellos han visto, ofreciéndoles un precio ligeramente menor y la sorpresa que usted se lleva es de que se han ido y muy a menudo sin decirle una sola palabra.

Al principio no lo nota, pero luego se da cuenta de que ha pasado algo de tiempo desde que vio o escuchó de ese cliente y cuando se entera de lo qué ha ocurrido, se siente mal, ya que si tan solo lo hubieran llamado, usted habría podido hacer un par de cambios o ajustes y salvar ese contrato o retener a su cliente.

Pero ahora es muy tarde y ya se han ido con su competencia.

Esta escena se repite una y otra vez con los propietarios de los negocios en cada compañía quienes venden todo tipo de productos o servicios.

Es algo que va pasarle y al ignorarlo pensando que no le ocurriría a usted , simplemente se está engañando a usted mismo.

Es increíble cuántos buenos propietarios de negocios simplemente prefieren ignorar la pérdida de un buen cliente, a pesar de que eso es lo ultimo que debería hacerse ya que conseguir un cliente no es fácil y al perderlo todo ese esfuerzo y sacrificio para obtenerlo se perdió. Nunca ignore eso, al contrario, ¡trate de recuperarlo!

En lugar de ignorar el hecho de que perdió a su cliente,, ahora es el momento de hacerse aún más proactivos e ir tras el "cliente perdido" y recuperarlo.

Una de las mejores formas de reducir o disminuir la frecuencia con la que se pierden buenos clientes, es volverles a vender basándose en las razones por las que le compraron a usted la primera vez.

Programar conversaciones o reuniones regularmente para ayudarles a recordar sus razones podría marcar una diferencia y mantener su negocio resguardado contra la competencia.

No olvide también demostrarle a su cliente interés genuino como lo hemos mencionado en los capítulos anteriores de este libro.

No olvide que la competencia tiene productos, servicios y precios similares.

Tampoco olvide que las razones de sus clientes para comprarle están solo basadas en sus productos, servicios y precios en un 38%, mientras que el 62% restante consiste en lo que usted pueda hacer por ellos.

Asegúrese de continuar ganándose su confianza y lealtad todos los días, meses y años que usted lleve de relación con sus clientes.

Pase su tiempo con ellos, genuinamente hable dey sus necesidades, sus deseos y sus preocupaciones.

Recuérdeles por qué eligieron comprarle a usted en primer lugar.

Refuerce sus motivaciones y decisiones para comprar y verá cómo no solo le serán leales pero también vera como se reducirá la fuga de perdida de esos clientes.

Algo que usted vera es como usted comenzara a desarrollar haciendo crecer rápidamente, no solo una base de clientes leales sino también clientes que se convertirán en sus amigos.

"La vida es como una película, ¡TU PROPIA PELICULA! Tu decides quien participa y quien no.
Ponle cosas, personas y situaciones hermosas o ponle situaciones tristes o miserables.
Tu estas en control. Tu decides.
Si tu película no te gusta, hazle los cambios necesarios Sr. Productor."

Eduardo George

5

Cual es el propósito principal de su negocio?

Conseguir y mantener a sus clientes contentos.
Servir honestamente y mantener una ganancia es la prioridad número uno

Cuando usted tenga un sistema efectivo que le permita **obtener, servir honestamente, y mantener una ganancia** de forma **estable** con sus clientes usted se dará cuenta como no solo se

138

beneficiara económicamente si no que también sus clientes se regresarán a hacer negocios con usted una y otra vez, todo lo demás irá acomodándose de una manera increíble y por sí mismo.

Por otra parte, si usted no tiene suficientes clientes que le compren sus productos o que soliciten sus servicios de una forma regular, entonces no podrá estar en el negocio por mucho tiempo y nunca tendrá la oportunidad de obtener ganancias.

Ahora, necesito que para que usted se pueda beneficiar de esta información, por favor tómese un minuto para leer, revisar y asimilar los componentes individuales de esta importante habilidad para tener éxito en los negocios.

Sin la habilidad de poder discernir los componentes individuales, su éxito se retrasara..

¡Los secretos para atraer, crear y retener nuevos clientes de por vida! <3

Los clientes son el alma de cualquier negocio. Sin los clientes que compren los productos y servicios que usted ofrece, usted ni siquiera tendría negocio.

Pero debe de comprender que el solo tener

clientes no es suficiente. Existen muchas variantes que deben de ser consideradas.

Lo que realmente quiere son clientes de **calidad**, clientes con los que usted sienta placer al trabajar con ellos.

Usted necesita que estos clientes regresen y vuelven a comprarle una y otra vez, clientes a los que pueda venderles sus productos, servicios y de los que pueda obtener ganancias razonables.

Usted necesita saber como poder atraerlos de manera ética **rentable**, es decir, que usted obtenga un retorno positivo de su inversión en publicidad y mercadotecnia para poder atraerlos.

Si usted quiere un retorno de inversión positivo.

Lo que debe de hacer es…

Saber conseguir el máximo potencial financiero de sus clientes de forma ética.

Cada uno de sus clientes tiene ciertas necesidades y deseos.

Entre más deseos usted pueda satisfacer, más beneficios les proveerá a estos clientes y por consiguiente las ganancias obtenidas serán mayores.

Su meta debería de ser vender tantos productos y servicios a sus clientes como ellos los necesiten.

No intente ni debe aprovecharse de ellos o de su relación personal con ellos, pero debería esforzarse al máximo en venderles todo lo que pueda justificarse de una forma **ética**.

Una historia larga se reduce a esto, ponga atención!

Siéndole muy franco, si usted realmente se esfuerza y provee los mejores productos y servicios en el mercado triunfará,
(si no es así, debería considerar **su ética** y preguntarse ¿por qué está en el negocio?)

Si realmente su negocio es aquel que pueda satisfacer las necesidades de sus clientes de mejor forma usted triunfará <u>(si no es así, necesita convertir a su negocio en este tipo de negocio que pueda hacerlo o simplemente salirse del negocio ya que usted no tiene la casta para ser negociante)</u>

Usted como persona de negocio, como todo un empresario tiene la responsabilidad moral y ética de asegurarse de que cada uno de sus clientes tengan beneficios y la oportunidad de aprovechar que su empresa los ayudara.

Su negocio debería hacer todo lo que esté en su poder que sea **razonable y ético** para darles esa oportunidad y beneficiarse.

A continuación, usted querrá…

Convertir a sus clientes en portavoces que refieran a su empresa de forma activa y entusiasta a otras personas

Por definición un "portavoz" es alguien que voluntariamente, apoya, promueve, cree ciegamente en la empresa, sus productos y sus servicios, es un activista y hace campaña para esta.

Lo que menos usted último que usted necesita es una base de datos llena de clientes problemáticos, que compran un solo producto o servicio, que siempre le compran la mínima cantidad siempre alegando o tratando de reducir los precios, clientes que siempre se están quejando de los precios cada vez que le compran algo y para el resto de sus necesidades se van y hacen negocios con otra compañía donde a sus ojos ellos ven "la mejor oferta".

Usted no puede ni podrá obtener ganancias con estos tipos de clientes, además que ellos hacen su vida miserable y lo vuelven loco en el proceso cada vez que usted intenta satisfacerles.

Lo que usted necesita son clientes que no solo confíen en usted y todas (o la mayoría) de las necesidades que usted ofrece proveer, sino que también vuelvan a comprarle repetidamente, mes tras mes y año tras año.

Usted quiere y necesita clientes que estén tan felices y complacidos con los productos y servicios que usted les ofrece que ellos a cambio hagan promoción por si mismos de una manera voluntaria, efectiva de forma activa y entusiasta.

Y dentro de esa campaña orquestada voluntariamente por ellos, que la historia que cuenten sobre usted sea tan convincente que las personas a quienes se lo digan, casi que se vean obligadas a llamarlo pidiendo su ayuda.

Esas son las personas que hacen que su negocio y su trabajo dentro de este sea divertido y agradable dándole al mismo tiempo ganancias que justifiquen todo su esfuerzo.

Y para terminar usted necesita saber …

¡Cómo mantener a sus nuevos y existentes clientes de por vida!

Confiables estudios demuestran que entre más necesidades de un cliente logre satisfacer un negocio, más tiempo podrán contar con la lealtad de ese cliente para que siempre regrese a ese negocio por mas productos o servicios.

Por ejemplo, en el negocio de los seguros, un agente incrementa sus probabilidades de mantener a alguien asegurado por tres o más años siguiendo estos porcentajes:

- 45% si el agente asegura solo las pólizas de automóvil,
- 50% si el automóvil al igual que su casa o vivienda, están asegurados,
- 60% si el automóvil, casa o vivienda, agregando seguro de vida y
- **¡97% con seguro de automóvil, casa, seguro de vida y seguro de salud!**

Aunque estos números solamente ilustran el negocio de los seguros, el mismo principio aplica para la gran mayoría de los negocios.

Los bancos por ejemplo, tienen estudios que

muestran la diferencia en retención de clientes con un cliente que solo tiene una cuenta bancaria comparándola con otro cliente el cual cuenta con múltiples cuentas bancarias, con cuentas de ahorro, cuentas individuales de retiro, cajas de seguridad, su automóvil financiado a través del banco y muchos servicios mas.

La idea es que al satisfacer todas las necesidades de sus clientes actuales y potenciales con los productos y servicios que usted les provee, usted se está asegurando de que ese cliente le sea leal, este contento y que no sienta la necesidad de irse a otro lado y al mismo tiempo está dejando fuera del mapa a los competidores.

Por supuesto, entre más tiempo retenga a sus clientes, mientras estén satisfechos, más ganancias obtendrá de ellos y más oportunidades tendrá de venderles productos y servicios adicionales, sin olvidar que sus clientes serán portavoces y más clientes referidos podrá conseguir sin necesidad de gastar mas en publicidad.

Todo esto se suma para darle más beneficios a usted y a su negocio.

Es muy importante lograr **retener a sus clientes de por vida**, estos clientes en quienes usted ha gastado tanto tiempo, esfuerzo y dinero atrayéndolos y convenciéndolos de comprarle a usted y a su empresa.

Más de un estudio sugiere que cuesta seis veces más lograr que un potencial cliente le compre algo de lo que cuesta hacer que un cliente existente vuelva a comprarle y que es dieciséis veces más fácil venderle a un cliente existente que a un cliente potencial.

Cuando suma todo lo que hemos hablado, por cada incremento del cinco por ciento en retención de clientes, le generará un aumento del treinta al cuarenta y cinco por ciento en ganancia en un período de dieciocho meses. (esto puede variar dependiendo del negocio y de quien lo maneje)

Dependiendo de la naturaleza de los productos y servicios que venda, si su tasa de recompra no está en el porcentaje de noventa, entonces usted tiene mucho trabajo por hacer.
Un cliente perdido es mucho más que solo perder un cliente y las ganancias que generara, es muchísimo más.

En los capítulos futuros discutiremos sobre cómo determinar cuál es el costo real de perder un cliente y qué hacer para evitar que se vayan.

Pero por ahora, lo que tiene que tener en mente es que si quiere ser exitoso en su negocio, sin importar qué tipo de productos o servicios venda, debe de poder tener enfoque total y concentrarse intensamente en sus clientes.

Usted tiene que descubrir qué es lo que su cliente quiere y hacer todo lo que sea necesario para ayudar a su cliente en conseguirlo.

Y si usted quiere hacer una fortuna en su negocio en lugar de solo sobrevivir en este, deberá de ser un súper empresario, no podrá hacerlo con solo algunos clientes si no para muchos mas.

Si usted necesita capacitarse o necesita asesoría en su negocio entonces busque ayuda en donde usted sienta que le podrán ayudar. Si necesita información de nuestra empresa y desea capacitarse visite nuestra pagina web.

El éxito de su negocio dependerá de qué tan bien satisfaga las necesidades de sus clientes,

¡Los cuales le compran y le dan una fuente de ingreso!

¡NO LO OLVIDE!

"Los pensamientos son magnéticos, piensa en un pensamiento negativo y observa lo que atrae. Piensa en un pensamiento positivo y compara. Cuida lo que piensas ya que esto determinara siempre el éxito y la calidad de tu vida."

Eduardo George

6

Secretos fundamentales para hacer que su negocio crezca

Maximizar las recompensas por sus esfuerzos en las cuatro áreas claves y cruciales de un NEGOCIO

La razón primordial o la razón mas importante que todo propietario, administrador, emprendedor o profesional de negocios debe de saber es que existen **cuatro formas principales** de hacer crecer un

negocio.

La verdad es que no solo son razones y funciones administrativas que estén o no bajo su influencia o control directo, si no que casi todo lo que usted haga para desarrollar o hacer crecer su negocio podría estar clasificado bajo una de las cuatro diferentes áreas o categorías principales.

Si usted comprende este sencillo concepto, si aprende cómo aplicarlo, créame, su competencia no tendrá oportunidad de perjudicarle a usted o a su negocio.

¿Porqué cree que esto es así? Porque su competencia probablemente no tiene la misma información que usted esta aprendiendo en este libro, tampoco entiende este concepto, sino que la mayoría ni siquiera ha escuchado de este.

Aquí está la primera de las cuatro formas de hacer crecer su negocio.

Sencillamente…

Saber atraer a más clientes.

Así es, construya su base de clientes. Contáctese con más clientes potenciales que le puedan comprar y de esa manera convertirlos en clientes consolidados.

Usted ya sabe cómo funciona todo:

Cuando más personas le compran, obtiene más ingreso en bruto y como resultado (dependiendo de sus márgenes de perdidas, ganancias descontando sus gastos operacionales), obtendrá muchos más beneficios.

Como un beneficio adicional, entre más personas se añadan a su base de clientes, más grande se hace ésta base y entre más crezca la base, usted tendrá a más personas a las que podrá contactar para ofrecer sus productos y servicios dándole la oportunidad de hacer ventas derivadas y adicionalmente tener más clientes referidos.

Es en esta área donde la mayoría de los propietarios de negocios (incluyendo su competencia) y siendo perfectamente honestos, (probablemente usted también), pasan gastando la mayor parte de su tiempo, dinero y esfuerzo.

Si usted ha estado manejando su negocio durante algún tiempo, probablemente se ha dado cuenta que conseguir clientes nuevos no es lo más fácil, no es lo más eficaz en términos de tiempo o lo más rentable (beneficioso en dinero para una empresa).

La mayoría de los negocios solo tienen uno o dos métodos principales para atraer a nuevos clientes a sus negocios.

Por ejemplo, usted probablemente sepa que un gran número de negocios se basan usando bastante las llamadas telefónicas.

De hecho, es probable que usted mismo haya recibido una buena cantidad de llamadas telefónicas cuando se ha sentado a almorzar o cenar en su casa por parte de negocios o compañías de tele mercadeo.

Los quiroprácticos, los vendedores de automóviles, las escuelas de manejo de camiones y los abogados tienen otro enfoque.

Muchos de ellos se promueven bastante en medios como la televisión, especialmente durante las horas de la tarde para atraer a nuevos clientes.

Ellos han determinado que una gran parte de la audiencia en estos medios llenan su objetivo de venta en productos y servicios, es decir, las personas que tienen más probabilidad de usar o comprar sus productos y sus servicios, ven la televisión durante esas horas y esta es una forma eficaz y rentable de llegar a ellos.

Cada negocio, industria o profesión tiene sus propios métodos y tiempos definidos para contactar a estas personas que tienen más probabilidad de estar interesados en sus productos y servicios.

Lo que funciona para unos negocios, puede no funcionar para otros en industrias o profesiones iguales o diferentes.

Piense en su negocio y su compañía por un minuto…

Hay muchas probabilidades de que al igual que cualquier otro propietario de negocio en su industria o profesión, también usted utiliza uno o quizá dos métodos principales para atraer a nuevos clientes a su empresa.

Lo más probable es que el método que usted use sea el mismo método que casi todos los demás negocios usan.

Ese método es llamado o conocido simplemente como el "Así es como hacemos las cosas en nuestra industria o profesión".

Usualmente, cuando una persona decide

inicialmente entrar en un negocio, casi todas las personas miran a su alrededor, observan y toman nota de lo que los demás están haciendo. Si ellos ven que la persona o ese negocio vende, ellos tratan de poner un negocio similar aunque no sepan nada de ese negocio o industria.

Entonces diseñan su oficina, tienda o lugar de trabajo igual o similar al resto de negocios que han visto.

Ven lo que los demás están haciendo para publicitar o promover sus negocios, productos o servicios y adoptan esos mismos planes y métodos de mercadotecnia para promover sus negocios.

Esta actividad no se limita a solo unos cuantos negocios sino que cada negocio en casi cualquier industria o profesión es culpable de un método de "copiar".

Pero… espere un momento, ¿quién creó ese sistema en primer lugar?, ¿y quién dice que está bien o que es el mejor sistema?

El hecho es que hay un número ilimitado de métodos para atraer a nuevos clientes a su negocio y su imaginación, ignorancia y falta de conocimiento es el único factor limitante.

Cuando hablo de ignorancia, no lo hago con el fin de ofender a nadie, todos nacemos "ignorantes" al no conocer algo, lo "ignoramos" hasta que aprendemos esa rama o información y entonces dejamos de ser "ignorantes" en esa área.

Algunos de los mejores métodos, así como los más productivos y rentables pueden ser adaptados de lo que otras personas hacen en sus negocios nada relacionados con el negocio de ellos.

Así que debido a eso surgen una serie de preguntas.

Primero, ¿qué tan observador es usted?, ¿qué hacen los demás en el mismo negocio que usted? ¿Y qué tan efectivos son?

A continuación, observe a su alrededor, ¿ qué es lo que otros negocios no relacionados en campos, industrias o profesiones no relacionadas están haciendo?

¿Ha visto qué funciona para ellos?, ¿hay algún negocio que se distinga haciendo algo diferente o inusual?, ¿o casi todos tienen los mismos métodos de publicidad?

Siguiente pregunta: ¿qué tan creativo es usted?, ¿puede observar lo que algunos de los otros negocios están haciendo y adaptar (con pequeños cambios) sus métodos a su negocio?

En otras palabras, si usted tuviera un negocio nuevo y no tuviera idea de qué ha hecho otra gente para atraer a nuevos clientes, ¿qué haría?, ¿qué método utilizaría?, ¿utilizaría los mismos métodos que usa ahora o haría algo completamente diferente?

Un dentista al que asesoré en consulta privada se especializa en trabajar con niños solamente.

Él aprecia y quiere mucho a los niños y también ha reconocido que a medida que los niños crecen algunos de estos niños pueden necesitar un tratamiento especial llamado o conocido como ortodoncia y probablemente en el futuro se casarán y sus conyugues o hijos necesitarán cuidado dental.

Así que en su sala de recepción puso un mostrador especial para niños, para que cuando los niños entraran, pudieran hablar directamente con la recepcionista y la comunicación y la manera de hacer sus cosas fueran igual a la forma en que un adulto lo haría, incluyendo programar su siguiente cita. Incluso este dentista decoró su recepción con arte y dibujos que crearon muchos de sus pequeños pacientes (niños).

¿Cómo cree que se sienten esos jovencitos?

Probablemente ya lo sabe. Aman ir ahí con el dentista y les dicen a todos sus amigos lo "divertido y cómodo" que se sienten al visitar a su dentista.

¿Y que tal sus padres?

A los padres de estos niños les encanta ya que ellos ven a sus pequeños hijos felices.

Solo imagíneselo, ¡sus hijos **quieren** ir al dentista! Y que los traten como a un igual (adulto) no como a un ciudadano de segunda y que puedan llevar a cabo sus compras (con la ayuda de sus padres, por supuesto) y aparte que ellos puedan decidir en la programación de sus futuras citas.

Es una magnífica experiencia de crecimiento, responsabilidad y madurez para estos niños, ¿y a quién cree que los padres tienen de dentista? ¡Claro que al mismo dentista!

El negocio derivado de atender y tratar con niños, son sus padres.

A medida que el niño crece y tienen familias propias, ¿a qué dentista cree que irán?, ¿a qué dentista le insistirán a sus esposos que se cambien?, ¿y a dónde cree que llevarán a sus propios niños? Es como sembrar futuros clientes.

La relación de amistad, confianza y empatía que este dentista está desarrollando con los pequeños, le dará toda la seguridad financiera que necesitará en el futuro y le permitirá hacer lo que quiera e ir en la dirección a donde quiera por el resto de su vida.

¿Y qué pasa con usted y su negocio?, ¿qué está haciendo usted para innovar y triunfar? Específicamente ¿puede hacerlo o describirlo?,

¿Qué métodos de mercadotecnia está usando **en este momento** para atraer a nuevos clientes y construir relaciones duraderas con ellos para que sigan con usted por el resto de sus vidas?

Y segundo, ¿qué tantos métodos de mercadotecnia **diferentes** está utilizando actualmente y de forma simultánea?

Existe un peligro real en tener solo uno o dos métodos principales de atraer a nuevos clientes ya que la persona esta limitada y opera como una empresa "del montón".

Para información de consultoría privada, seminarios y cursos ofrecidos de entrenamiento para empresas visite nuestra pagina web.

Uno de mis clientes de asesoría privada dependía casi completamente de un equipo de telemercadeo para obtener contactos a los que luego sus vendedores podían hacer seguimiento.

Cuando un competidor sólidamente financiado abrió un negocio similar no muy lejos de ellos, la competencia contrato a casi todos los empleados que eran parte del equipo de tele mercadeo, desmantelando el flujo de clientes y casi hacen cerrar el negocio, estuvo al borde del desastre.

Cuando me llamaron para asesorarlos privadamente, me di cuenta de lo critico que su situación era, me di cuenta que había que hacer algo rápido, de manera eficaz solo para poder salvar el negocio.

Así que empezamos a trabajar en conjunto siguiendo mis sugerencias basadas en mi experiencia como empresario multiple y contratamos a todo un equipo nuevo de telemercadeo y logramos que el negocio volviera a funcionar.

La guerra solo duró unos cuantos meses haciendo que la otra empresa dejara de dañar a mi cliente.

Pero entonces sugerí otras opciones de mercadotecnia y diseñamos un programa único, efectivo y hecho a la medida para este negocio en particular, entrenando a todo su personal utilizando métodos de correo directo, agregando un sistema proactivo de generación de referidos, se implementó un sistema de comisiones que ayudo a motivar a sus vendedores haciendo mas esfuerzo por contactar y servir mejor a los clientes e ideamos algunas relaciones de trabajo en conjunto beneficiando mutuamente a otros negocios complementarios que no eran competencia haciendo promoción mutua y rentable para todos.

De esta forma, si algo ocurriera con alguno de sus métodos utilizados de mercadotecnia, no sufrirían ni atravesarían por la misma situación con la cual casi cierran su negocio, teniendo otras estrategias adicionales u otras fuentes o pilares bien establecidos para evitar que su negocio fracase y pueda seguir funcionando sin problemas.

¿Y en su negocio?, ¿cómo puede aplicar lo mencionado?

Bueno, usted podría empezar volviendo atrás, retrocediendo a cada una de las preguntas que le hice anteriormente.

Entonces podrá ver que hay algunas áreas en las que usted y su negocio necesita mejorar.

Asegúrese de no depender solamente de uno o dos métodos para atraer a nuevos clientes y siempre

159

tenga métodos alternos.

Los clientes nuevos son importantes para su negocio, de eso no cabe la menor duda, pero no solo son importantes sino que son también **vitales** tanto para el crecimiento de su negocio como para la supervivencia de éste.

Es crucial que tenga varios sistemas establecidos para garantizar que su negocio siga **funcionando y creciendo** sin interrupciones o sin que nada imprevisto suceda.

Debido a la cantidad limitad de espacio de estas páginas, no podemos hablar sobre todos los métodos para obtener nuevos clientes pero en los materiales del entrenamiento y en los talleres que llevo a cabo, cubrimos en gran detalle las formas efectivas de asegurarse a nuevos clientes.

Así como obtener nuevos clientes es importante, todavía quedan tres métodos que usted puede usar para que su negocio crezca y cada uno de ellos es más provechoso y efectivo, también podría darle un mayor potencial de beneficio que el primer método.

Ahora hablemos del número dos…

Aprenda a convencer a sus clientes para que hagan compras más grandes en promedio.

En otras palabras, incremente el valor transaccional en promedio de sus compras, o mejor explicado, haga que gasten más dinero cuando le compren algo mostrándoles el beneficio y ahorro a largo tiempo.

Esta es la forma más rápida y fácil que existe para incrementar sus ganancias.

Una de las cosas que más me sorprende es la cantidad de negocios que tienen planes **extensos y caros** para futurísticamente poder conseguir más clientes, pero sorprendentemente muy pocos han prestado atención a este paso altamente beneficioso para incrementar el tamaño en ordenes de los pedidos y obtener más dinero por esas compras de mayor volumen de cada cliente, cada vez que le compren aumentando el capital de entrada.

Si piensa por un minuto en lo fácil y beneficioso que es hacerlo, verá por qué es un concepto bastante poderoso. Utilicemos como ejemplo la mayoría de los restaurantes, casi todos estos especialmente los de de comida rápida, han adoptado y dominado este tipo de sistema, además de que se han asegurado de que cada persona que recibe pedidos (los empleados que hacen las ventas o toman ordenes), entiendan y sean buenos con el uso de los principios de las ventas mejoradas y ventas promovidas entre si.

Reflexione sobre su experiencia en restaurantes de comida rápida.

Usted llega hasta un altavoz y hace su pedido de comida, ya sea un sándwich con una bebida o cualquier cosa.
¿Y entonces qué pasa?

Una voz le responde desde el altavoz tomándole su orden y adicionalmente a pesar de que usted ya dijo lo que usted quería, la persona en el altavoz le pregunta si a usted le gustaría un pastel de manzana, algún postre papas adicionales con su orden de comida.

En un porcentaje entre un 28 a 35% deciden agregar algo adicional o tomar ventaja de una soda mas grande por tan solo unos cuantos dólares o en ocasiones solo centavos.

Esto en volumen al final del día incrementa las ganancias de estos negocios. Este es un gran ejemplo de ventas promocionadas entre si y empujadas por los empleados y consiste en vender un producto o servicio adicional a la venta inicial.

O quizá podrían sugerirle al cliente aumentar la cantidad de producto en el pedido inicial aumentando el dinero en la orden y esto sería un ejemplo de una venta mejorada por el empleado a cargo en que se incrementa el tamaño de su pedido inicial nuevamente incrementando su ganancia, haciendo que su negocio sea mas beneficioso en la parte económica.

En cualquier de los casos, si el cliente acepta sus sugerencias en la venta, lo que han hecho exitosamente es incrementar sus ganancias de forma **substancial** ya que hicieron una venta adicional sin mayor gastos de adquisición de publicidad o gastos adicionales de mercadotecnia.

Ponga atención a lo anterior, **que no le pase por la mente y después se le olvide**, los dueños de restaurantes o negocios exitosos se han dado cuenta de que un cierto porcentaje de los clientes **dirán que sí** y que la única razón por la que dicen que sí es porque se lo han **sugerido**, así que hacen cálculos en ese porcentaje adicional de ganancias la cual los convierte en negocios de **costos eficientes**.

¿Y cuál es el resultado final? Al estar conscientes de que algunos de los clientes quieren o desean internamente pero que no se atreven a preguntar, haciéndoles la sugerencia o haciéndoles preguntas, estos negocios reciben una gran cantidad de dólares

adicionales.

Además del costo real del producto que venden, esos dólares adicionales son ganancia total sin gastar dinero adicional en promoverlo.

Otra técnica que podemos usar como ejemplo que una gran cantidad de restaurantes de comida rápida utilizan regularmente, es el de ofrecer paquetes o combinaciones.

Esto consiste en combinar un sándwich, una bebida, papas fritas por una cantidad ya establecida, ofreciendo por una cantidad adicional pequeña hacer la orden de soda o de papas mas grande, otros en las combinaciones ofrecen un objeto adicional como una galleta de postre o un juguete de alguna personaje de alguna película popular.

Lo juntan todo en un paquete y le dan un nombre como por ejemplo "cajita feliz" ofreciendo una cajita con múltiples colores motivando a los niños a pedir este tipo de paquetes o combinaciones de comida.

Le mencionan que si usted compra el paquete es mas económico y beneficioso económicamente que si usted comprara todo separado.

Pero la realidad es que la cantidad total de dólares que el restaurante ganará, será menor también, aun así en volumen se benefician y prevén quedarse con comida que de no venderse tendría que ser tirada a la basura y las ganancias perdidas, pero como no existen gastos adicionales de publicidad o mercadotecnia fuera de los costos de los objetos o la comida en sí mismos, esto es ganancia pura y total para el negocio y va directamente a sus bolsillos.

Ahora se estará preguntando ¿qué tiene que ver esto con usted y su negocio?

OK.. puede ser que usted no esté en el negocio de la comida rápida pero se siguen aplicando los mismos principios en el negocio de usted, si usted **piensa y se enfoca** en descubrir mas su negocio y las necesidades de sus clientes.

Solo hágase esta pregunta: ¿Qué productos o servicios adicionales usted tiene o posee que serían complementos obvios y naturales a lo que sus clientes le han comprado inicialmente?

Usted ya sabe la respuesta a eso y no entraré en mas detalles en este punto pero si por ejemplo usted tiene el tipo de negocio que ofrece más de un producto a sus clientes, entonces ya tiene una gran ventaja para trabajar con las técnicas de ventas mejoradas, ventas promovidas entre si y agrupamientos o combinaciones que se mencionan en este libro.

Algunos tipos de negocios como las compañías de seguros que suelen ofrecer solo uno de sus productos o servicios también pueden beneficiarse de estas estrategias al agrupar o combinar ciertas pólizas o servicios para ampliar la cobertura a otros miembros de la familia, otros conductores o al incluir otros servicios complementarios que amplíen las pólizas en sí mismas pudiendo mostrar precios regulares y precios en combinación.

¿Estas cosas o técnicas mencionadas le parecen de sentido común? ¿Y porque no lo ha hecho en su negocio? Bueno, no se sienta mal, como lo mencione antes al principio de este capitulo, es sorprendente cómo tan pocos negocios o personas empresarias utilizan de forma efectiva estos tres sencillos principios.

Piénselo nuevamente…

En realidad, **usted tiene una obligación hacia sus clientes** (esas personas las cuales confían en que usted o su negocio les proveerá productos y servicios de buena calidad y les dará un buen consejo o sugerencia a cambio de que ellos le darán su dinero ganado con su esfuerzo) de asegurarse de que en su **compra inicial** ellos obtendrán el mayor valor, utilidad y satisfacción aumentando su pedido.

Al final un cliente satisfecho se lo agradecerá y también **le recomendará** a otros como ya lo mencionamos anteriormente

Y si usted tiene productos o servicios adicionales que podrán mejorar ese valor en la venta inicial, o mejoraran la utilidad o satisfacción de sus clientes, entonces usted tiene la obligación de hacer todo lo que sea posible, razonable y ético para que al menos sus clientes tengan la opción de aprovechar su consejo o sugerencia.

Si usted no pregunta o usted no ofrece ellos no saben o no lo pedirán, esa es la diferencia entre un **buen empresario y un mal empresario.**

Nuevamente, solo debe hacer los cálculos necesarios, el análisis correcto entre su negocio y sus clientes.

Es verdad que algunos de sus clientes aprovecharán su oferta de los productos y servicios que usted ofrezca y otros tal vez no, pero al menos usted o su negocio les habrá dado la oportunidad de **tener opciones** y también habrá cumplido con su obligación hacia ellos.

Recuerde que usted no tomará la decisión por ellos, simplemente les dará la opción y les dejará decidir de esa manera se va a evitar un "por que usted me dijo o me lo ofreció yo lo compre".

Si lo ven a usted como a una persona sincera, no lo verán como alguien prepotente sino que se darán cuenta de que realmente está intentando hacerles un favor, de ayudarlos a tener más valor por su dinero, la utilidad del producto, servicios y beneficios de **su decisión** y de **su compra**.

Entonces volverán a hacer negocio con usted una y otra vez, adicionalmente le **referirán** a otras personas.

Las ventas mejoradas, promocionadas entre si, y en combinaciones son solo tres, de la más de una docena de métodos de ventas consideradas **"generadores de ganancias inmediatas"** que usted podrá utilizar para disparar su negocio hacia el siguiente nivel de ganancias totales.

Si se **enfoca** en buscar la manera de incorporar estas tres técnicas mencionadas en su empresa o negocio, (siempre y cuando usted tome acción inmediata en las siguientes veinticuatro horas), sus ganancias se incrementarán en grandes cantidades.

Piénselo, **incrementar todas sus ventas, incrementar sus ganancias totales, sin incrementar sus gastos.**

¡Es un concepto totalmente emocionante que podría agregarle **inmediatamente** un 25, 35 o hasta 45% más de **ganancias totales** a sus bolsillos!

Ahora sigamos con la tercera forma de hacer crecer su negocio…

Invite a sus clientes a comprarle con más frecuencia

En otras palabras, incremente la frecuencia en que sus clientes le hagan compras.

Invítelos a volver a comprarle, deles a ellos una razón o varias razones para **querer volver** y continuar haciendo negocio con usted.

Entre más tiempo pase sin que sus clientes le compren a usted, más probabilidades tienen de ir y comprarle a su competencia.

Es como dice el dicho "Corazón que no ve, corazón que no siente".

Usted necesitará estar constantemente en contacto con sus clientes romanceándoles éticamente con información educativa, avisos de cambios en las leyes o actualizaciones relacionadas con los productos o servicios que le han comprado y que pueden beneficiarles o afectarles.

También necesita informarles sobre nuevos productos, nuevas líneas de trabajo, incentivos especiales y otras ofertas que puedan serles beneficiosas.

Existen varios métodos en los cuales un negocio podría basarse y estar en contacto con sus clientes, aprenda, edúquese e invierta en usted y en aprender conocimiento.

La idea tiene dos variantes.

La primera consiste en **atrapar** éticamente, a sus clientes para que no puedan hacer compras a nadie más y por otro lado, hacer que sea tan atractivo hacer negocios con usted que ni siquiera considerarán irse a comprarle a nadie más.

Lo que realmente quiere hacer es llevar a sus clientes hasta la ineludible e innegable conclusión de que tendrían que estar completamente locos para poder considerar tratar de irse con otra persona o negocio diferente al de usted, sin importar la selección de productos o servicios que proporcione, los precios que cobre, su ubicación o su relación con el negocio actual con el que ellos tratan.

Déjeme darle algunos ejemplos de la vida real sobre cómo funciona esto:

Uno de mis clientes al que asesoro privadamente, tiene un restaurante y ofrece un cierto número de almuerzos por un precio de descuento prepagado para quienes les gusta invitar a sus clientes a almorzar, la relación a sido creada entre el restaurant y vendedores que traen a sus clientes a desayunar o almorzar, ellos solo presentan la tarjeta pre pagada previamente.

Al hacer esto, mi cliente "asegura" al cliente con anticipación, el obtiene el dinero de estos clientes por adelantado y hace que sea más fácil, económico y provechoso para todos.

El cliente solamente firma el cheque, que inclusive hasta incluye ya la propina.

No hay intercambio de dinero durante o después de los almuerzos y tiene la ventaja de que hay nuevos clientes siendo llevados a su restaurante todo el tiempo, promocionándose al mismo tiempo con estos **nuevos clientes potenciales** que están siendo traídos por los **clientes existentes pre pagados**.

Como resultado, muchos de estos nuevos clientes a su vez, aprovechan el mismo arreglo o sistema para usarlo con sus propios clientes.

Aquí hay otro ejemplo que le podría servir. En la gasolinera que cuenta con un autolavado donde llevo mis automóviles, en este lugar ofrecen una tarjeta pre pagada de descuento la cual es válida por un cierto número de lavadas.

Es una gran oferta para mí y para muchas otras personas ya que me ahorro bastante dinero y puedo llevar mi auto a lavar sin importar que mis hijos adolescentes me hayan pedido dinero en efectivo haciéndome sacar los últimos dólares de mi cartera, todo lo que tengo que hacer es presentar mi tarjeta de lavado pre pagado y después cómodamente puedo llegar a mi banco a sacar dinero luciendo un auto extremadamente limpio y brilloso .

Cuando lleno la tarjeta con un cierto numero de lavadas, la gasolinera me da un encerado gratis para cualquiera de mis carros incluyendo la lavada.

También es un gran negocio para el autolavado porque han adquirido su dinero por adelantado de mi y de muchas otras personas que a veces hasta pierden sus tarjetas o nunca llevan sus carros a lavar, adicionalmente me han mantenido apartado de la competencia.

Otro ejemplo: Otro de mis clientes al cual le doy asesoría privada me pidió que trabajara en algún tipo de programa para beneficiar a sus clientes y al negocio, decidimos diseñar un programa en la compra de zapatos y comenzamos a ofrecer un programa de "puntos".

Después de cierto numero de compras en el mes, o cada 3 o 6 meses, el sistema de campaña que diseñé para esta empresa, incluye campañas de auto recordatorios en el cual estos correos electrónicos le avisan a los clientes de cuántos puntos ellos han acumulado, dejándoles saber que estos puntos y descuentos podrían expirar y aunque no hayan ido a la tienda recientemente, cuando les llega el aviso por correo electrónico y también por correo regular (para los que no dejan su correo electrónico) y ellos ven el crédito que tienen en puntos, casi siempre vuelven a la tienda de zapatos dentro de un periodo de dos días y casi nunca se van de la tienda con las manos vacías.

Si usted no sabe como crear campañas, aprenda como hacerlas, o si usted prefiere, usted puede contactar a nuestra empresa para recibir entrenamiento y asesoría privada o tomar alguno de nuestros cursos de capacitación y mercadotecnia para empresas pequeñas en donde se le capacitará como saber estar en contacto constante con sus clientes y no perderlos, algo que es valioso para que un negocio pueda mantenerse vivo permanentemente.

La mayoría de aerolíneas ofrecen mejoras o

bonificaciones por millas para quienes vuelan con ellos de forma regular, también existen incontables negocios los cuales ofrecen programas similares.

Ahora apliquemos este concepto a usted y a su negocio.

¿Qué se le ocurre a usted que podría hacer con su empresa para ganarse el cariño, respeto y lealtad de sus clientes, asegurándose que vuelvan más a menudo incluyendo que ellos le refieran a otras personas?

¿Tiene un boletín educativo o informes especiales que les envíe periódicamente para mantenerlos actualizados?

¿Esta usted utilizando la tecnología electrónica para capturar clientes, ofrecer productos o servicios y recordarles que ellos significan algo para usted y su empresa dándoles trato especial?

¿Envía usted postales o tiene una página web para mantenerlos informados de nuevos artículos y promociones?

¿Sabe crear cartas informativas?

¿Tiene algún evento especial como "ofertas para clientes especiales"?

¿Y que tal un club de compradores frecuentes para sus clientes más leales, esos que mantienen su negocio a flote?

¿Qué tal un sistema de recompensas por referidos el cual reconozca y agradezca recompensando a sus clientes leales existentes por referir a sus amigos?

Usted tiene el deber de hacerles saber a sus clientes que los valora, que los aprecia, que los quiere y que sinceramente quiere que ellos vuelvan o que quiere que sigan haciendo negocios con usted sin riesgos, de una forma gratificante y sencilla.

Estoy seguro de que ya puede ver que las ideas son ilimitadas y aunque el restaurante, la gasolinera con autolavado y la tienda de zapatos podrían ser casos que no apliquen a usted o a su negocio directamente, los he incluido como una forma de estímulo y para que empiece a **pensar** en ¿qué podría aplicar para su negocio? y en ¿que podría ayudarle a desarrollar confianza y lealtad en sus clientes.

En mis programas y cursos de entrenamiento hablo más en detalle y discuto más estrategias más específicas que crean un efecto casi magnético ayudándole a que sus clientes vuelvan una y otra vez a comprarle.

Lo tomamos de la mano y le ayudamos a

desarrollar estrategias personalizadas y efectivas que ayuden a su negocio para que sus clientes digan siempre "volveré", aprenderá estrategias que mantengan a sus clientes contentos, aislados y apartados de su competencia.

Ahora hablemos del cuarto método que puede usar para hacer crecer mas su negocio.

Y este es…

Aprenda a mantener a sus clientes por un promedio de tiempo de "toda la vida."

Esto es lo que nosotros conocemos como "**Sistema de Retención de Clientes**" y esto es lo que significa:

¿Sabe cuánto tiempo en promedio los clientes que le compran, permanecen como tales?

En otras palabras, ¿cuánto tiempo en promedio continúan haciendo negocio sus clientes con usted antes de dejarlo y seguir adelante comprándole a otros?

¿Son compradores regulares o de una sola compra?

¿Se quedan con usted como clientes por un año, cinco años o diez años?

¿Alguna vez se ha detenido a pensar en esto, a analizarlo?

Este es un paso importante y lo estaremos discutiendo con más detalle en las siguientes páginas.

Y ahora piense, ¿qué está haciendo en su negocio en **este momento** para asegurarse de que sus clientes **continúen** con usted?

Si no está llevando a cabo un plan estratégico o **un sistema que funcione**, la competencia (sin dudar) le va a quitar un cierto numero o porcentaje de sus clientes actuales.

Repito..

No hay dudas al respecto. Su competencia **ahora mismo, en este mismo segundo o instante**, está haciendo planes precisos en como y cuando, dando pasos precisos para quitarle a **sus clientes**.

¿Entiende?

La pregunta que debe hacerse usted mismo no es "¿Qué voy a hacer al respecto?" si no..

"¿Qué estoy haciendo actualmente al respecto?"

Esta es la pregunta real y que debe de preocuparle si no lo ha hecho.

¿Qué planes o **sistemas establecidos** tiene usted para evitar que sus clientes se vayan con su competencia?

Hablemos de sus clientes por un minuto.

¿Están tan **encantados** con los productos o servicios que usted ofrece y están **maravillados** con los servicios y beneficios que reciben de usted o de su empresa que querrán continuar haciendo negocios después de un año o dos?

Si su respuesta es "sí" (aunque se que la mayoría es un "no") para esa pregunta entonces mi siguiente pregunta para usted sería:

"¿Está seguro?", "¿cómo lo sabe?", "¿de dónde sacó esa información?", "¿qué tan confiable es la información?", "¿puede explicar en más detalles el **sistema establecido** que ha implementado para saber esto?"

Tenga en cuenta que pregunté si sus clientes estaban **"tan encantados"** o **"tan maravillados"** ya que nunca utilice la palabra "**satisfechos**".

Ponga atención!

Existe una gran diferencia entre estar encantado o maravillado a, **estar satisfecho.**

El año pasado, cifras y estadísticas demostraron que más de 200 millones de estadounidenses dejaron de hacer negocios con compañías con las que estaban "encantados" o "maravillados" pero no estaban "**satisfechos**"

También se muestra como un gran porcentaje de clientes "satisfechos" también se cambian de compañías de forma regular.

Imagínese entonces lo que usted debe de tratar de hacer para reducir el numero de clientes que se pierden cada año en su negocio.

Como propietario de un negocio, es su deber y no se puede permitir tener a sus clientes estar solo **encantados** y **maravillados** también debe de asegurarse y **PREGUNTARLES** si ellos están **SATISFECHOS** a si reducirá el numero de perdidas y también se asegurara de eficazmente de cómo:

ATRAER, CREAR Y RETENER NUEVOS

CLIENTES DE POR VIDA, así es.. el titulo de este libro.

Desafortunadamente, el no hacerlo conlleva a un costo muy alto a pagar, no solo en lo económico pero el daño mental, emocional de un fracaso es algo que mucha gente no sabe como superar y la mayoría de los propietarios de negocios no lo comprenden.

Miremos cuáles son los costos potenciales de fracasar al hacer estas cosas.

Digamos que usted vende anualmente $224.00 dólares a sus clientes en promedio y digamos también que por cualquier razón, 100 clientes dejan de hacer negocio con usted cada año.

Quizá algunos se enferman y fallecen, otros se cambian de casa, otros podrían ya no necesitar de sus productos o sus servicios, otros se cambien de compañía, otros tengan a un familiar que se metio en el negocio, otros tal vez hayan tenido una mala experiencia con alguien en su compañía (algún empleado).

Quizás están en desacuerdo con alguna política o procedimiento que usted maneja en la empresa, otro cliente tuvo una riña o desacuerdo con un miembro de su equipo o empleado (y usted ni enterado esta), otro tuvo un conflicto personal, problemas de comunicación, algún problema con alguno de sus productos o quizá sintió indiferencia de su parte o de su negocio.

Realmente la razón no importa el motivo, razón o circunstancia, lo importante y preocupante es que ya no hacen negocios con usted ni con su empresa.

Esos 100 clientes ya no van a pagar $224.00 dólares cada año y la perdida de no recibir ese dinero le está costando potencialmente $22,400.00 dólares.

Pero eso no es todo, ¿qué pasaría si esos 100 clientes le dicen a otros 5 la experiencia que tuvieron con usted?

Esos son 500 clientes potenciales que **no van a hacer negocios con usted** este año, el que sigue o tal vez nunca.

Y si cada uno de ellos se gasta un promedio de $224.00 dólares, esos son otros $112, 000.00 dólares que tampoco recibirá de ellos ADEMÁS de los **$22, 400.00** dólares que ya había perdido de los clientes que se fueron por X razón.

¡Eso significa que el total de ingresos perdidos llegan a los ¡**$134 000.00 dólares en solo un año!**

No es raro que algunos negocios tengan cien o más clientes nuevos mensualmente, es decir, mil doscientos clientes al año, al final, solo terminan quedándose con ciento cincuenta o doscientos al año (a veces ni siquiera eso).

¿Qué pasó con los otros mil clientes?

¿A dónde han ido?

¿Seguramente no se murieron o se mudaron todos? ¿O si?

¿Pero sabe algo?

A la mayoría de los propietarios de negocios no les interesa eso o a quiénes han perdido y solo se concentran en las ganancias netas.

Asumen que si terminan el año con más clientes o más ventas que como empezaron, entonces van por buen camino.

Eso es un error… si pusieran mas atención en lo mencionado anteriormente, todo seria mas abundante para ellos, así que si quiere que su negocio crezca, atrayendo, creando y reteniendo clientes nuevos y existentes ponga atención y aplique lo que esta aprendiendo.

Ahora continuando…

Supongamos que usted le dio a esos cien clientes razones buenas, convincentes que mejorarían sus vidas o sus negocios para que continuaran haciendo negocios con usted este año.

Y supongamos que cada uno de ellos les dijo a cinco personas sobre su experiencia positiva con usted.

Eso quiere decir que hay **$22, 400.00** que no habría perdido desde un principio y otros **$134, 000.00** que podría conseguir gracias a los referidos o por el boca en boca.

El punto es que los clientes son importantes, **todos ellos**.

De hecho, son cruciales y de eso no hay duda. Tanto usted como yo lo sabemos.

Un negocio no puede permanecer con vida o en el negocio a menos de que alguien (**clientes**) compren sus productos o servicios.

Y esos (**clientes**) son personas, seres humanos reales como usted y yo.

Si usted vende sus productos a la industria o

comunidad de negocios, recuerde, que esa industria de negocios no compran a negocios.

Las personas que tienen un negocio, les compran a otras personas que son dueñas de negocios, ya sea como mayoristas o como distribuidores.

Usted en su negocio les está vendiendo a **personas** no a negocios.

Aquí hay un punto muy interesante que debe de considerar.

La mayoría de los propietarios de negocios saben exactamente cuánto han gastado en muebles, elementos fijos y equipo para poder operar.

El buen negociante le puede decir cada centavo del costo de cada objeto, qué tan viejo es, qué tanto se ha devaluado, y cuál es la expectativa de vida útil que este tiene.

Es visto todo en cuestión de números.

El mal negociante, ni siquiera sabe lo que tiene o lo que a invertido.

¿Es usted un mal negociante o un buen negociante?

Esto es información vital para cualquier negocio

y de eso no existe ninguna duda, pero lo que es mas increíble es que muy pocos propietarios de negocios tienen idea de cuál es el valor de sus inversiones dentro del negocio y de sus productos o servicios.

Y para rematar ni siquiera saben el valor de lo que los mantiene en el negocio, lo que los mantiene con vida, lo más importante:

SUS CLIENTES.

Piense cómo aplica este nuevo concepto a su negocio.

¿Qué es lo que usted hace **específicamente** para extender y hacer agradable el tiempo en que un cliente hace negocios con usted?

¿Por qué no se toma unos minutos para responder a esas preguntas de una manera sincera?

Primero que nada pregúntese,

¿Quiénes son sus clientes?

¿Quiénes son esas personas que le compran sus productos o servicios?

¿Quiénes son sus familias?

¿Sabe usted el nombre y las edades de sus conyugues e hijos?

¿Sabe usted en dónde trabajan o a que se dedican ellos, sus conyugues e hijos?

¿Qué pasatiempos o intereses tienen?

¿Sabe por qué compran cierto tipo de productos o servicios, cuales son sus necesidades?

¿sabe usted quiénes son sus familiares, amigos, vecinos o conocidos?

¿Y qué pasa con su equipo de trabajo o empleados?

¿Sabe cómo tratan estos y cual es su sentir si con respecto a sus clientes?

¿Se ha preguntado o les ha preguntado si ellos o usted tienen clientes favoritos?

¿Se ha preguntado o les ha preguntado el por qué son sus clientes favoritos?

¿Se ha preguntado a usted o leas ha preguntado a sus empleados porque estos clientes favoritos gastan mucho mas que los otros clientes?

¿Qué tanto visitan su lugar de trabajo?

¿Cómo es el tipo de personalidad de estos clientes?

¿Cómo tratan a esos clientes en diferencia a los otros clientes?

¿ Si los trata diferente que al resto de los clientes, se ha preguntado porque?

¿Qué pasaría si usted o sus empleados trataran de tratar a **todos los clientes de igual manera**, no importa lo que compren?

¿Tiene reuniones de equipo en su empresa de forma regular y les habla o entrena a sus empleados sobre cómo tratar a los clientes, como pensar como si ellos mismos fueran un cliente?

¿Qué es lo que mas les gustaría si usted o ellos fueran clientes potenciales los cuales estan considerando hacer negocios con usted y adquirir sus productos o servicios por primera vez?

¿O se ha preguntado si usted o sus empleados fueran un cliente existente considerando volver a hacer negocios con su empresa, con su establecimiento u organización que les gustaría recibir por su lealtad?

¿Se ha preguntado que haría usted o sus empleados que tomaría para considerar referir a un amigo, a un miembro de su familia o a un conocido?

¿Tiene usted un sistema de entrenamiento adecuado para enseñarle a su equipo de trabajo cómo manejar o tratar con clientes difíciles?

¿A considerado contratar a alguien o alguna empresa profesional para que entrene a su personal para aumentar su productividad y saber como tratar con clientes irritables o analíticos?

¿Tiene algún plan para que sus clientes a través del trato y servicios proveídos suban por la "escalera de lealtad?

¿Cómo pasan de ser solo candidatos potenciales a compradores leales?

¿Después de ser compradores leales, se ha preguntado en como convertirlos en sus embajadores?

¿Finalmente cómo se convertirían en fanáticos maravillados por sus productos y servicios?

Cuando un cliente deja de hacer negocios con usted, con su empresa, ¿sabe usted por qué ocurrió eso?

¿Tiene algún plan o algún sistema para saber el porque ocurrió?

¿Qué es lo que usted o su empresa tendría que hacer diferente para conseguir que sus clientes le compren por cinco años o de por vida y no solo una vez o por un tiempo limitado?

¡Ponga atención!

Si usted se toma el tiempo de revisar estas preguntas, discernirlas y obtener respuestas a cada una de estas, y luego incorpora o implementa esta información en sus prácticas de negocios, entonces podrá realizar cosas maravillosas para extender el tiempo de éxito en su negocio y como resultado, usted obtendrá beneficios y resultados **significativos**.

Hemos cubierto mucho terreno y muchas ideas hasta ahora, así que hagamos una pausa y recapitulemos lo que hemos discutido hasta este punto.

Hay cuatro formas de hacer crecer su negocio.

Primero,

Obtener más clientes y como mencioné antes, este es un paso crucial pero también es el más difícil y costoso dependiendo el conocimiento y métodos que utilice.

Prepárese, analice, estudie lo que ofrece, busque ayuda profesional.

El Curso Maestro del Éxito impartido por un servidor es una opción que enseña y muestra opciones y conocimiento de diferentes formas de mercadotecnia, (incluyendo la mejor manera de hacer publicidad y a travez de que medios) cambio en estatus mental, técnicas para mejorar su salud y como ayudarse a mantenerse en armonía, visite nuestra pagina de internet o llame al numero en este libro.

Segundo,

Hacer que sus clientes gasten más dinero con usted de una manera ética, incrementando el valor transaccional promedio de cada venta.

No olvide que esta es la forma más rápida y fácil de sumar ganancias a sus beneficios.

Tercero,

Hacer que sus clientes vuelvan a comprarle

más a menudo.

Ganarse su lealtad y su confianza.

Y cuarto,

Mantener la lealtad de sus clientes de por vida, encontrando formas para retenerlos, mantenerlos como sus clientes y hacer que sigan regresando a comprarle la mayoría de las veces y por el mayor tiempo que sea posible.

Realmente es así de sencillo.

Casi todo lo que haga para desarrollar y hacer crecer su negocio puede clasificarse en alguna de estas cuatro categorías.

Como mencioné antes, hay más de 24 formas de aplicar estos conceptos y construir su negocio de una manera mas robusta y estable, pero por ahora, si trabaja en estos cuatro métodos principales, sus competidores solo podrán respirar el polvo.

A medida que analiza de cerca estas cuatro áreas, usted podrá apreciar que todo esto realmente se resume en saber las técnicas correctas de publicitar o promover efectivamente su negocio a todos sus clientes actuales y a todos sus clientes potenciales.

En otras palabras, el éxito de su negocio dependerá en gran medida de cuán efectivo es su sistema de mercadotecnia, su trabajo, su conocimiento y trato hacia sus clientes .

Y esto puede significar que si usted quiere que su negocio sea excelente, **realmente excelente** y si quiere ser la fuerza dominante en el mercado o en su industria, entonces tiene que empezar a pensar en **usted mismo** como parte del negocio de **mercadotecnia** y no en el negocio de ventas de solo un producto o solo un servicio.

Usted debe considerarse a sí mismo como la cabeza de una organización de mercadeo que vende u ofrece productos y servicios que su negocio ofrece.

USTED ES EL PRODUCTO PRINCIPAL QUE OFRECE ESE SERVICIO.

Si usted como producto no sirve, su negocio tampoco.

¿Sonó duro?

Pues esa es la realidad en mi opinión personal.

No lo hago con ningún fin de lastimar u ofender, es solo algo para pensar, analizar y recapacitar.

Esto aplica en todo lo que hagamos en nuestras vidas como seres humanos.

Una vez que usted empiece a funcionar efectivamente con esto en la mente, notará que su trabajo se hace mucho más fácil, más agradable y que sus clientes actuales y potenciales empezarán a buscarlo y a referirle a otras personas, en lugar de ser usted quien esté persiguiéndolos.

El resultado neto de sus costos de mercadotecnia se reducirán significativamente ¡y sus beneficios con ganancias se elevarán!

"La sensación mas bella para nuestra alma es cuando desde tu corazón haces una diferencia en la vida de las personas.

Ayúdales a descubrir sus propias alas y obsérvalas volar.."

Eduardo George

7

¿Cuál es el verdadero valor de sus clientes?

Determinando el valor de las ganancias por el periodo de vida útil de todos sus clientes

No hay demasiado debate o argumento en cuanto a este hecho:

Sus clientes actuales y clientes potenciales son sus activos más valiosos.

La pregunta real es:

¿Cuánto valen?

¿Cuánto dinero?

¿Cuántos **beneficios** podrá obtener de cada uno de ellos durante su "**tiempo de vida útil**" como clientes suyos?

No puedo dejar de resaltar la importancia de este concepto ya que saber y comprender solo este concepto puede tener un impacto más grande en su negocio que cualquier otra cosa que haga.

Una vez que lo entienda, todo un conjunto nuevo de factores entrarán en juego y usted podrá revolucionarse completamente en la forma en que ve su negocio, la forma en que **hace negocios** y los beneficios que su negocio generará como resultado.

Permítame darle un ejemplo de lo que quiero decir.

Digamos que su venta promedio es de $100.00 Dólares y digamos que sus clientes promedios le compran cuatro veces al año.

Por lo tanto, en esas cuatro transacciones, usted obtiene $400 en ganancias.

Digamos que este cliente hace negocios con usted en periodo de tiempo o promedio de diez años.

En ese período de diez años (o su "tiempo de vida útil" como su cliente), ese cliente en promedio tiene un valor de $4000.00 en ganancias para usted.

Ahora, ampliemos este concepto a una base teórica de mil clientes y veamos qué significa esto.

Estos mil clientes a $400.00 cada año le dan ganancias anuales de $400,000.00

Asumamos que si tiene los programas correctos, entonces podrá ser capaz de incrementarlo en un veinte por ciento utilizando las cuatro formas que discutimos previamente para hacer crecer su negocio.

Esto es lo que potencialmente ocurriría:

Primero, el número de clientes que tiene se incrementará de mil a mil doscientos.

Segundo, la cantidad promedio por venta incrementará de $100.00 a $120.00.

Tercero, el número promedio de ventas por cliente aumentarán de cuatro a cuatro punto ocho veces.

Así que el ingreso anual de su base de clientes pasará de $400,000.00 por año ($100.00 x 4 transacciones x 1000 clientes) hasta $576,000.00 ($120 x 4.8 o sea $480.00 x 1200 clientes en vez de 1000 clientes 20% mas en teoría).

¡Eso da un incremento de $176,000.00 Dólares al año!

¡Eso es un gran incremento!

Pero si piensa que eso es emocionante, espere a ver lo que pasa si amplía la vida útil de sus clientes por solo un veinte por ciento.

Digamos que sus clientes se quedan con usted por diez años en promedio.

El valor de su vida útil en ese período de 10 años sería normalmente de $4,000,000.00 pero si puede ampliar esos diez años por solo un 20 por ciento, o sea dos años mas de vida útil ¡su valor total en dólares de estos clientes se incrementaría de $4,000,000.00 a $4,800,000.00 ($400.00 por año x 1000 clientes x 12 años)! Sin agregar el 20% de ganancia adicional incrementada.

Un incremento de $800,000.00… ¡casi un millón de dólares!

Ahora agregue también la ganancia adicional de

un 20 porciento en los doce años

$400.00 + 20% = $480.00 por año x 1000 clientes=$480,000.00 x 12 años= $5,760,000.00

Ganancia adicional de $1,760,000.00 en dos años adicionales de vida útil con un incremento potencial teórico del 20% de ganancia adicional. ¡Casi 2 millones mas!

¡Esto es un **gran incremento**!

Pero eso no es todo. Digamos que inicia un sistema efectivo de generación de clientes referidos y que tan solo ese 20 por ciento de sus mil clientes le envía un referido con un perfil de compra igual al de su cliente promedio.

Esos son un total de 200 clientes más que le darán un ingreso adicional por ano de $96,000.00
200 x $480.00 =$96,000 por año.

Ahora eso multiplíquelo por 12 (años) $96,000.00 x 12 (años) = **$1,152,000.00 Dólares por los 12 años!**

¿Esta usted contemplando el potencial de lo que se puede crear con el conocimiento adecuado, trabajo arduo y buen trato a sus clientes?

¡Súmelo todo y habrá hecho millones adicionales!

¿Le suena imposible?
Bueno, no lo es, y tampoco es tan difícil.

¡Se puede potencialmente hacer al incrementar cada una de las cuatro áreas mencionadas en un veinte por ciento!

OK hágalo en un 15, 10 o 5%..Pero hágalo!

¡SI SABE Y NO HACE..NO SABE!

¿Qué tan difícil será hacer eso en su negocio?

¿Puede realmente, y con algo de ayuda, incrementar cada una de las cuatro áreas en un veinte por ciento?

¿Y qué tal en un treinta por ciento?

Algunos de los negocios que asesoro privadamente, después de darse cuenta del poder de este concepto clave para triunfar en el mundo de las finanzas , así como los otros conceptos que hemos discutido en este libro, han incrementado sus ganancias en sus negocios hasta un cien por ciento o más en menos de un año.

Quizá los números y aproximaciones que he discutido son realistas para usted y su negocio o quizá no lo son.

Tal vez usted pueda incrementar en solo unas áreas y no pueda incrementar en otras áreas en el mismo porcentaje.

Eso está bien. No importa.

Siga trabajando en mejorar sus áreas de debilidad.

El punto es que usted probablemente tiene espacio para mejorar en una o más de las cuatro áreas y que si usted quiere que su negocio sea una fuerza viable en el mercado, si usted quiere este negocio logre darle el estilo de vida, la satisfacción y los ingresos que usted quiere, lo que siempre a deseado, va a tener que tomar pasos más proactivos, o sea como se lo mencione anteriormente en capítulos, necesita trabajar mas duro.

Conocer el valor de sus clientes influye en cómo usted o sus empleados los trata

Como mencioné antes en capítulos anteriores, el solo saber cuánto valen sus clientes puede ser algo valioso y ayudarlo a mejorar de varias formas.

Primero que todo, sabemos que las personas no hacen negocios con la misma compañía o negocios por siempre.

Las personas dejan de asistir o cambian con quien hacen negocios por una gran cantidad de razones y ya hemos discutido algunas de estos.

Pero si usted supiera, que por ejemplo, su cliente típico se queda con usted por unos diez años en promedio y que no solo será una venta de una o dos veces, quizá empezaría a tratarlos diferente.

Los trataría con más respeto, más amabilidad y más cortesía, incluso podría darles algún tipo de trato especial y podría invitarlos a seminarios o eventos especial, exclusivos o de clientes preferidos.

En otras palabras, una vez que usted empiece a ver a sus clientes desde una perspectiva diferente, quizá empiece a hacer las cosas diferentes para que se queden más tiempo con usted.

Tal vez decida inclusive invertir en un entrenamiento para su personal o inclusive para usted mismo.

Además, si sabe cuál es el valor de las ganancias de la vida útil de sus clientes, probablemente descubrirá que podría gastar más para conseguir nuevos clientes de lo que pensaba inicialmente.

En otras palabras, si su cliente promedio vale $2000 en ingresos, entonces teóricamente podrá gastarse hasta $2000 para traer un cliente nuevo y quedar igual.

En teoría, usted podría gastar esos $2000.00 y aun así ganar con los demás productos o servicios "adicionales" que podría venderles.

Y si además, organiza un programa efectivo de generación de referidos, podrá gastar esos mismos $2000.00 y ganar de los referidos que consiga.

Usted y yo sabemos que es poco realista pensar que realmente podrá gastar la cantidad total de su ingreso de vida útil (que en este caso son $2000.00) para conseguir un nuevo cliente y obviamente no estoy sugiriendo que lo haga.

En la vida real, **usted no puede** gastar los $2000.00 completamente porque tiene que concentrarse en cosas como gastos operacionales, flujo de dinero en efectivo y reservas.

No puede gastar el dinero que no tiene.

Debe de ser una inversión siempre llamada

"**costo eficiente**".

Adicionalmente, tiene que asegurarse de que los clientes que atrae, al menos cumplan con el perfil de sus clientes promedio o incluso que sean algo mejor que el cliente promedio.

Hay una cantidad de otras cosas de las que necesita estar consciente también como el costo de adquisición y costo de retención, comprender sus márgenes y calcular el valor neto marginal de sus clientes.

Desafortunadamente, en este libro no tenemos suficiente tiempo o espacio para cubrir esa parte en detalle, usted tendrá que estudiar sus números o contratar a un profesional que le ayude a evaluar costos y ganancias.

Conocer el valor de sus clientes influye en cuánto puede gastar en conseguir uno nuevo o mantener uno ya existente

Lo más importante en que realmente todo esto se reduce es en dos simples preguntas: ¿Cuánto usted puede **permitirse** gastar en adquirir un nuevo cliente?

¿Cuánto está usted **dispuesto** a gastar para atraer a nuevos clientes?

Puede descubrir que se puede permitir a si mismo y está dispuesto a gastar de cinco a seis veces más de lo que gastan sus competidores, y si ellos no están dispuestos a seguirle el ritmo, los negocios de sus competidores, fracasaran, se destruirán y simplemente respiraran el polvo.

El solo saber cuáles son sus **márgenes** y que usted podría si fuera necesario, gastar hasta $2000.00 y aun así salir sin ganar ni perder, le daría una **gran ventaja** sobre su competencia.

Aquí tiene un ejemplo de la vida real:
Un amigo y su esposa visitan un restaurante favorito al cual visitan dos veces al mes. Sus comidas favoritas usualmente son de unos $40.00 por visita. Así que $40.00 eso es $80.00 por mes multiplicado por doce son $960.00 en ventas al final del año solo del consumo de mis amigos a este restaurant.

Si suponemos que ellos continúan visitando y consumiendo al restaurante por los siguientes diez años (esa sería la vida útil como clientes para ese restaurante en particular), entonces el restaurante ganará $9600 en ventas.

Si en un período de diez años mis amigos refieren a diez personas, (y no es demasiado para diez años) con patrones de gasto parecidos al de ellos, entonces gastarán $96,000.00 adicionales (10 personas multiplicado por $9,600.00).

Súmele eso a los $9600 que mis amigos han gastado y solo ellos han sido responsables de generarle miles de dólares al restaurante.

Incluso después de deducir los gastos operacionales, salarios y costo de la comida, el restaurante sigue obteniendo una ganancia considerable en dólares gracias a los esfuerzos de una sola pareja.

Ejemplo del restaurante	
A. Cantidad de venta promedio	$ 40
B. N° de ventas/año/cliente (2 veces por mes)	24
C. Ingresos brutos anuales por cliente (A x B)	$ 960
D. N° de años vida útil del cliente para el restaurante	10
E. Ingresos brutos durante la vida útil (C x D)	$ 9600
F. N° de referidos del cliente en su vida útil	10
G. % de referidos que se hacen clientes	100%
H. Referidos que se hicieron clientes (G x F)	10
I. Ingresos brutos de esos referidos (E x H)	$ 96,000
J. Valor total de un cliente leal (E + I)	$ 9600

Ahora le hago una pregunta:

¿Ese restaurante podría permitirse regalar una comida gratis para atraer a nuevos clientes?

Tenga en mente que las dos personas están gastando $40.00, así que una comida cuesta $20.00 y de eso, un tercera parte (o alrededor de $6.75) son ganancias.

Así que la comida realmente le cuesta al restaurante alrededor de solo $12.50 para dos comidas y solo una parte de esos $12.50 son para cubrir el costo de la comida.

El resto son gastos operacionales que se tenían que pagar aunque esa comida no se sirviera.

Según esto la respuesta es "Sí", sí pueden permitirse regalar una comida y no solo eso, sino que pueden permitirse hacer una gran cantidad de cosas para no solo atraer a nuevos clientes sino que, más importante aún, hacer que sus clientes ya actuales se sientan más apreciados y más especiales.

Tiene que saber que cuando alguien se siente importante y que le prestan atención, que es apreciado y especial; Naturalmente que querrán volver.

Imaginemos por un minuto que usted es un

cliente antiguo y leal de cierto restaurante y usted ha llevado a su familia, clientes y socios a comer con usted de forma regular.

¿Cómo se sentiría **usted** si el administrador del restaurante decide ofrecerle a usted y a su grupo un postre gratis como regalo de agradecimiento especial por su lealtad y por los clientes adicionales que les ha llevado?

¿Cree usted que este sencillo gesto de aprecio haría que quisieran regresar nuevamente a consumir?
Creo que es bastante seguro decir que probablemente así será el resultado.

¿Y qué pasa con las personas que estaban con usted?

¿Cómo cree que se sentirían?,

¿Cree que querrán volver a ese restaurante?

¡Por supuesto que sí!

¿Cuál cree usted que sería el costo de esos postres para el restaurant?

¿Cree que el restaurante perdería dinero por ese gesto?

Lo más probable es que no.

Dese cuenta de que solo cuando usted sepa cuántas ganancias significan o valen sus clientes a largo plazo, solo en ese momento, usted podrá determinan cuánto puede permitirse regalar o gastar para conseguir nuevos clientes o mantener a los antiguos.

Además podrá empezar a experimentar con distintas ofertas para ver cuáles funcionan mejor.

Le pondré otro ejemplo para que reflexione: digamos que el dueño de ese restaurante pone un anuncio o envía publicidad por correo para atraer a nuevos clientes.

Digamos que gasta $1000.00 por el anuncio o la publicidad y que dos parejas llegan para cenar y cada una gasta $30.00

Significa que ha obtenido $60 pero el costo del anuncio fue de $1000, ¿así que, qué puede hacer?

¿Qué haría su competencia?

¿Consideraría que el anuncio o la campaña publicitaria iniciada da pérdidas, y que esta fue un fracaso y dejaría de hacerlo?

Eso es lo que haría la mayoría de negocios.

¿Pero y usted?

¿Qué haría usted?

Bueno, si usted entiende el concepto de valor de las ganancias de la vida útil y valor neto marginal, probablemente pensará diferente.

Cuando usted considera el valor de vida útil de sus clientes y se da cuenta que con el cuidado y la atención suficientes, estos clientes serán responsables de $43 200 cada uno o $86 400 por los dos, eso cambiara su percepción.

La inversión a largo plazo le dejara ganancia.

Por supuesto, esos números corresponden a utilidades brutas de las que tendrá que restar los costos y además, se hacen sobre una suposición de 10 años.

Pero aun así, eso representa una cantidad significativa de dinero y todo por un anuncio de $1000.00, un anuncio que la mayoría de los propietarios de negocios habrían dejado de hacer.

Tenga presente que no estoy diciéndole que tiene que conformarse y ser feliz con tasas bajas de respuesta ante sus anuncios. Esto es solo un ejemplo.

Definitivamente no digo eso. Usted siempre debe intentar mejorar sus anuncios, cartas, ofertas y dar razones buenas, convincentes y beneficios para que los clientes vayan a hacer negocios con usted.

Eso es un tema aparte y es uno que no tenemos tiempo a discutir con demasiado detalle en este momento.

Pero no dude que lo tomamos muy en serio y en nuestros talleres y programas de entrenamiento le dedicamos un tiempo considerable.

Volvamos y pensemos en el ejemplo del restaurante por un minuto. ¿Esta idea de no detener la campaña aunque no cubra la inversión o produzca ganancias le suena inusual?, ¿diferente?, ¿rara?..

Bueno, quizá para algunas personas en diferentes negocios sea así pero para los supermercados y tiendas departamentales no es así y todo el tiempo usan su propia forma o adaptación de esta técnica.

Probablemente la ha escuchado como "oferta de reclamo".

Lo que hacen es publicitar unos cuantos productos igual o por debajo del costo, para así atraer nuevos clientes a la tienda, teniendo la seguridad de que usualmente el cliente comprará más cosas una vez que ya está en la tienda.

Además, saben que a menos de que alguien los visite en su tienda en primer lugar, nunca podrán tener una oportunidad de hacer ventas adicionales o de volver a hacerlas o de obtener referidos.

Y las ventas adicionales y repetidas son más fáciles para clientes ya actuales y usualmente llevan consigo márgenes de ganancia más altos.

Solo recuerde este punto importante:

La primera venta no significa nada, a menos que usted esté planeando en irse a la quiebra o bancarrota la siguiente semana.

Si realmente quiere tener éxito, debe considerar el valor de ganancias de vida útil, y lo que el cliente vale para usted.

¿Y qué pasa con usted y su negocio?

¿Cómo puede aplicar este concepto de valor de vida útil?

Lo primero que puede hacer es determinar cuál es la cantidad de su ingreso promedio por venta.

La calculadora de valor de vida útil que hay más

abajo se le proporciona para que empiece a calcular ese valor para sus propios clientes.

Rellene los espacios con sus números reales para hacerse una idea de cuánto valen sus clientes para usted.

El valor de vida útil de sus clientes (reales)	
A. Cantidad de venta promedio	$
B. N° de ventas/año/cliente (2 veces por mes)	
C. Ingresos brutos anuales por cliente (A x B)	$
D. N° de años vida útil del cliente para el restaurante	
E. Ingresos brutos durante la vida útil (C x D)	$
F. N° de referidos del cliente en su vida útil	
G. % de referidos que se hacen clientes	%
H. Referidos que se hicieron clientes (G x F)	
I. Ingresos brutos de esos referidos (E x H)	$
J. Valor total de un cliente leal (E + I)	$

La calculadora que verá más abajo le sirve para calcular qué diferencia hará para su negocio si aumenta cada una de las áreas en tan solo un diez por ciento.

Tenga en mente que a medida que hace estos cálculos, que los mismos son muy simplificados.

En nuestras sesiones de consultas privadas, entramos en más detalles y tomamos en cuenta muchas más áreas, así que los resultados que obtendrá en la vida real se aumentarán dramáticamente.

Pero esta calculadora básica estará bien para darle una forma sencilla y fácil de demostrar el valor de sus clientes.

El valor de vida útil de sus clientes (+10%)	
A. Cantidad de venta promedio	$
B. N° de ventas/año/cliente (2 veces por mes)	
C. Ingresos brutos anuales por cliente (A x B)	$
D. N° de años vida útil del cliente para el restaurante	
E. Ingresos brutos durante la vida útil (C x D)	$
F. N° de referidos del cliente en su vida útil	
G. % de referidos que se hacen clientes	%
H. Referidos que se hicieron clientes (G x F)	
I. Ingresos brutos de esos referidos (E x H)	$
J. Valor total de un cliente leal (E + I)	$

Continuemos ahora con nuestro ultimo y contundente capitulo en el cual hablaremos de dos conceptos únicos y vitales que sin estos le será muy difícil triunfar en su negocio o en su vida.

Sera algo que le servirá en todo lo que haga en su vida.

Y esto es…

"Lo que es derecho, no es chueco"

Alfredo George

8

El Deseo Interno y Absoluto de Triunfar, sintiendo que no existe otra Opción, y.. El Ser Agradecido.

En 1996 después de trabajar para varias empresas en el mundo de las ventas, mi hija mayor Kimberly llego a mi vida de una manera inesperada.

En realidad a muchos de nosotros (sobre todo a los hombres) nos llega a ocurrir algo así, al principio es algo que si no es esperado, el temor e incertidumbre podría apoderarse de la persona, pero después de algunas horas o días de discernimiento para algunos de nosotros es el momento de despertar y preguntarse…

¿Qué estoy haciendo de mi vida?

¿Que tengo que ofrecer?

¿Para donde voy?

¿Soy alguien?

¿Llegare a triunfar?

¿Seré en un futuro un triunfador o un perdedor común?

En ese tiempo venia de haber tenido un empleo excelente, el cual lo deje al haber recibido una oferta mucho mejor (en aquel tiempo al menos así se me hizo ver) aunque al corto tiempo me di cuenta que todo fue un engaño diseñado para utilizar mi conocimiento y al equipo de trabajo el cual migre junto conmigo a la nueva empresa.

Mi productividad en contratos para esa empresa debido a mi sistema de ventas (aprendido y creado por un servidor) superaba fácilmente cientos de miles de dólares por mes en contratos.

Haciendo una historia larga corta, los dueños de esa empresa tuvieron diferencias, dos de los dueños (una pareja) sacan de esa empresa al tercer dueño (el que había creado esa empresa y me había contratado) y entre toda esa conmoción en unos cuantos meses y después de adaptar mi sistema de ventas en su empresa, me notifican que ya no podrían pagarme lo que yo ganaba ya que "ellos" no me habían contratado y que si quería podría seguir trabajando pero bajo otro salario.

Mi salario fue reducido de una manera brutal por un 80% y mis gastos para sobrevivir basándome en el salario que recibía en la oferta inicial eran altísimos. Al reducirse mi salario de una manera tan injusta y abusiva fue en ese momento una situación caótica.

No podía regresar a la otra empresa ya que mi equipo y yo los habíamos dejado y sin un sistema de ventas implementado esa empresa en corto tiempo cerro.

Existía una recesión y nadie estaba contratando en ese tiempo.

Me había convertido en papá y al igual que a muchas personas se sentía la incertidumbre.

La experiencia de lidiar con personas deshonestas y gente que usa y abusa a sus empleados al máximo fue una experiencia que **"agradezco"** ya que me enseño conocimiento que nunca hubiera aprendido si eso no me hubiera ocurrido.

¿Agradecer? Usted podría preguntarse..

¿Después de que te usan, te abusan, te roban tu conocimiento intelectual y se burlan de ti?

Mi respuesta ahora a eso es… Si, me siento agradecido **¡GRACIAS, GRACIAS, GRACIAS!**

SI, GRACIAS A ESAS PERSONAS MALAS QUE CON SUS ACCIONES ME FORZARON A ENCONTRAR LO "GRANDIOSO Y DIVINO EN MI PERSONA"

Tu tienes la grandeza y divinidad en ti también. Solo la tienes que encontrar y desarrollar.

Al reconocer mi situación caótica, ver la cantidad de pagos que tenia, el convertirme en papá, ver en ese tiempo que no había trabajos, y los pocos que habían, pagaban únicamente el salario mínimo, comprendí que no podía dejar ese trabajo en donde claramente se me abusaba y abusaba. Por lo menos no lo podía dejar inmediatamente.

También se comenzó a abusar a todas las otras personas. Me di cuenta que los servicios ofrecidos dejaron de ser honestos y éticos.

La misma pareja de dueños que controlaban la empresa comenzó a tener serios problemas personales entre si envolviendo a todo mundo.

Se comenzó a mezclar esa situación entre todos los empleados y a pesar de que los dueños facturaban cientos de miles de dólares semanales, los salarios fueron cortados. Las comisiones pagadas se redujeron, bonos prometidos suspendidos etc.
Todo fue diseñado para establecer riqueza para ellos solamente y pobreza total a la mayoría de los empleados.

Cualquier compañía que se atreviera a tratar de competir era simplemente "aniquilada con publicidad masiva y tácticas destructivas."

Espías eran enviados a esas empresas que empezaban a competir en el mercado Hispano de Los Angeles y en un periodo de tiempo corto nadie podía sobrevivir ya que el nivel de competencia sucia era demasiada y muy difícil de contrarrestar.

La mayoría de las compañías quebraban en un par de meses maximo.

La opción que tuve era continuar en ese ambiente tan deprimente, seguir en el campo de batalla sin disfrutar mi trabajo, sabiendo que los servicios ofrecidos ya no eran éticos y que en cualquier momento, me podrían decir "no te necesitamos, estas despedido"

¿Se a sentido así alguna vez?

Muchos responderán "si"

Mi otra opción fue muy difícil decidirla ya que envolvía renunciar, irme a otra empresa a trabajar con el miedo de no poder mejorar o "Volver a cometer un error"

En juntas se nos decía, (**se nos advertía**) de manera sarcástica y burlesca que si alguien trataba de darles competencia, **"Nadie podría sobrevivir ya que ellos eran dueños del mercado."**

Una lección muy importante es identificar lo siguiente si quiere poner un negocio o si quiere mejorar el que tiene.

Les he nombrado..

"Tácticas de miedo o programas implantados por gente, situaciones o publicidad masiva repetitiva que nos congelan o no nos permiten triunfar"

Pregúntese lo siguiente..

¿Existe alguna preocupación? Cual es?

¿A que le tiene miedo? Sea sincero al identificarlo.

¿Le han implantado algún bloque el cual fue diseñado para que nunca sobresalga en la vida y consiga el éxito?

¿Tiene en su casa o círculos de amistades.. aliados o enemigos? Sinceramente incluya a quien tenga que incluir que usted sienta que no le permite avanzar o triunfar.

Identifique quien lo apoya y quien se burla de usted.

En mi caso ya era papá, de niño prometí que nunca permitiría que mis hijos pasaran por ninguna de las necesidades o pobreza que yo experimenté.

Hasta ahora lo he cumplido.

Así es como ocurrió…

Después de analizar mi situación, tuve que reconocer que dentro de uno mismo lo primero que se debe de hacer antes de iniciar un negocio es saber si…

¿Se lo que quiero?

¿Tengo el conocimiento?

¿Tengo experiencia en esta rama profesional?

¿Es sencillo o difícil para mi hacer este tipo de trabajo?

¿Es algo que amo hacer o lo disfruto?

¿Tengo el capital?

Pregúntese usted mismo ahora estas preguntas, tome nota, contéstese y analice sus respuestas.

En mi caso, sabia que tenia conocimiento y experiencia y todas las preguntas eran un 100% "**SI**"

¿Entonces?, ¿qué me detenía?, ¿Qué me asustaba?

¿Cuáles eran los miedos implantados? ¿por qué o por quien?

Obvio que mis errores pasados como un ser humano imperfecto y sin experiencia, mas las tácticas de miedo implantadas por otros, y la incertidumbre de brindar un futuro incierto a mi hija jugaban un papel en mi falta de decisión.

Desafiando al miedo, decidí iniciar mi propio negocio.

Los pasos a seguir al principio fueron duros y difíciles de investigar. No tenemos el tiempo para discutirlos en este libro pero puedo asegurarle que todo se puede si se cuenta con la voluntad de aprender de un profesional o de un mentor sincero.

Usted también lo puede hacer.

Si usted desea participar en nuestro sistema de capacitación o taller de "¿cómo iniciar una empresa?" o desea consulta privada, visite nuestra pagina de internet y haga una cita.

El obtener una locación al alcance de mi presupuesto fue algo que me llevo varias semanas en lograr. Encontré una oficina pequeña la cual necesitaba bastante trabajo.

Llegue a un acuerdo con el dueño , mi renta era decente. Compre pintura y con ayuda de algunas personas pintamos la oficina, lavamos las alfombras.

Quedo limpia y hermosa.

Ahora necesitábamos muebles. ¡No tenia muebles!

No tenia teléfono. ¡Necesitaba teléfonos!

Ponga atención a todo lo que le escribo..

No solo lea, le estoy dando pasos a seguir y considerar.

Asimílelos e incorpórelos a su situación.

Finalmente, conseguí tres escritorios, sillas y un sistema de teléfonos reconstruido.

¡La oficina estaba completa!

Y… ¿Ahora que?

¿Qué hago?

¿Como consigo clientes?

Comencé a tratar diferentes áreas de publicidad.

Analicé lo que hice anteriormente para las otras empresas para las cuales yo trabajé.

Analicé cada una de las opciones, desde volantes, periódico, revistas, cable, radio y televisión.

En este libro no tenemos el tiempo para analizar la cantidad de formas de poder publicitar un negocio.

Si desea participar en alguno de nuestros seminarios visite nuestra pagina de internet.

Comencé mi publicidad, mi hermanita mas pequeña Paola estaba a cargo de recepción y teléfonos.

Al iniciar mi primer comercial local, me daba cuenta que el teléfono no sonaba.

Eso me hizo retroceder y a pesar de que el miedo me invadía ya que el dinero estaba escaso seguí enfocado en hacer que todo trabajara.

Reajuste mi mensaje, cambie la publicidad, y conseguí un numero (800) gratuito para mis clientes potenciales.

Finalmente recibí una llamada con la voz de mi hermanita y un tono alegre, chillón con mucha emoción diciendo en Ingles…

"We have our first potential client" o sea "Tenemos nuestro primer cliente potencial"

La emoción y el deseo de convertir a ese cliente potencial en cliente activo me invadió todo mi ser.

Toda esa semana recibimos llamadas y durante todo el mes los clientes seguían llegando lentamente.

Mi sistema estaba dando resultados y de una manera temerosa seguía preocupado por el éxito obtenido.

Comencé a reunirme con empresas de radio y televisión para explorar costos publicitarios y al darme cuenta de lo carísimo que costaba comprar publicidad en estos medios decidí esperar y continuar trabajando a la segura con lo que me estaba funcionando por miedo a perder lo mucho o poco ganado..

Habían pasado ya un poco mas del año y medio desde que mi hija Kim había nacido.

Mi hija Kimberly ya caminaba y me llamaba "Da Da"

En esos días comencé a sentirme enfermo y decidí irme a visitar a mi medico para hacerme un físico y exámenes.

Se me hicieron muchos estudios y el doctor no estaba contento con mis resultados.

Al preguntarle que me ocurría, el doctor me dijo que no era algo normal lo que mis exámenes de sangre revelaban, pero que quería asegurarse de que mi hígado estuviera bien ya que los exámenes de sangre eran preocupantes.

Inmediatamente me alarme y comencé a insistir en que me dijera mas información.

El doctor ordeno mas estudios, radiografías especiales, ultrasonidos de mi hígado y todo lo necesario para dar un diagnostico mas exacto.

Me dijo también que solo tenia que esperar, que siguiera sus instrucciones y que si algo estaba mal el me contactaría.

Un poco consternado me fui a seguir trabajando.

LA REVELACION Y LA CAMPANA DEL DESPERTAR A LA REALIDAD.

Un par de semanas después de todos los exámenes, en ese día me levante muy temprano.

Tenia mi primer comercial de radio en vivo en una estación muy conocida en Los Ángeles.

Había encontrado un mensaje especial que transmitía mi mensaje y todos los productos y servicios eran recibidos muy bien por una gran cantidad de radio escuchas.

Después de una mañana ardua de trabajo, decidí irme a casa a ver a mi niña pequeñita.

Entré al estacionamiento y antes de subir a mi departamento pase a recoger el correo.

Al subirme al elevador comencé a ver las cartas recibidas y encontré una carta de mi doctor por parte de la organización medica en la cual yo me atendía, al ir caminando por el pasillo abrí la carta y comencé a leerla casi al llegar a mi departamento abrí la puerta precisamente al llegar a la línea escrita que decía…

"Es imperativo que se contacte con nuestras oficinas y haga una cita con el departamento especial de gastroenterología en donde se discutirá
el mejor tratamiento para combatir su problema de salud incluyendo:

Cirugía (Hepatectomia parcial o trasplante de hígado.

Embolizacion Tumoral o ablación de tumor.

Terapia selectiva de radiación.

Quimioterapia.

¡Estaba en shock!

Con la puerta cerrándose a mis espaldas mi hija de un poco mas de un año y medio Kimberly corrió hacia mi y con sus bracitos abrazó mi pierna dándome un beso con amor diciendo me..
"da da, da da!"

Mi mundo se me derrumbaba.. lo primero que se me vino a mi mente fue "me voy a morir" lo segundo fue " ¿y mi hija? ¿qué va a ser de ella?"

Muchos sentimientos encontrados me ocurrían, erróneamente comencé a hacer planes antes de mi funeral.

Finalmente me dije a mi mismo.

"Tienes que hacer algo ahora y no importa que te vaya a ocurrir debes crear algo grande para que tu hija nunca sufra en su vida"

En ese momento sentí..

El Deseo Interno y absoluto de Triunfar, sintiendo que no existe otra Opción.

Mis miedos y temores fueron totalmente bloqueados, ya nada de eso importaba, no tenia que quedar bien con nadie ni pedirle permiso a nadie para triunfar, solo fui **yo** quien se dio el permiso para implementar forzadamente todo el deseo, las ganas de superarme aunque fuera solo por un periodo de tiempo ya que sabia que estaba enfermo y que me quedaba tal vez no mas de 6 meses de vida.

Como un switch en mi cerebro apague el miedo, la obscuridad y **prendí la luz**, el potencial y la esperanza de crear algo suficientemente grande para que mi hija estuviera perfectamente bien.

Ya no importó el que dirán.

Tampoco importaba el complacer a nadie.

Me puse a trabajar y evite pensar en mi enfermedad.

Trabaje como si mañana no existiera…

Comencé a incrementar mi publicidad, aplique por créditos.

Para mi ventaja la primera empresa que utilice para transmitir mi mensaje, ofrecer mis productos y servicios fue totalmente flexible y me extendió toda la ayuda necesitada.

Hasta este momento los sigo **reconociendo** y **agradeciendo** ya que fue vital la manera en que trabajaron conmigo personalmente y con mi empresa.

También los he visto crecer y evolucionar de ser radios pequeñas a ser ahora radios de las mas grandes y competitivas en el mercado Angelino.

Los he visto crecer de tener solo una estación de televisión a expandirse y adquirir mas televisoras en toda la unión americana.

Es un privilegio después de mas de 18 años de relaciones en los negocios y con mis empresas tener atención especial de los dueños, algo que ya casi no existe en las otras empresas de comunicación en radio y televisión ya que son publicas y no se enfocan en negocios pequeños, clientes locales y crecer junto con ellos.

De invertir por semana de $400.00 a $800.00 se convirtió todo en un par de meses en mas de $20,000.00.
De no tener empleados, se contrataron mas de 20 empleados.

Se tuvo que rentar mas espacio de oficinas.

Al mismo tiempo entramos a las radios mas fuertes y que tenían un control o monopolio del mercado Hispano.

Entraba a hacer mi publicidad a las 6:00 am y terminaba a las 7:00 pm.

Pero había un problema…

Mi éxito, mi esfuerzo, los productos y servicios que se ofrecían ayudando a las personas no fueron vistos bien por la competencia.

¿Recuerdan?

Los que dijeron que

"nadie sobreviviría ya que ellos eran dueños del mercado"

En ese mes la misma táctica destructiva de compra en publicidad masiva que había sido usada en contra de toda empresa en esa rama o a quien se atreviera a ser competencia de estas persona fue utilizada en mi contra.

Salía un comercial mío en una hora y ¡ellos ponían tres! ¡Todos atacando y con mensajes destructivos!

Lo que era un problema para muchos e inclusive para mi en aquel tiempo se convirtió en un **"RETO"**

No permitiría que nada ni nadie robara el futuro económico de mi hija.

Con la misma **actitud triunfadora sabiendo que no tenia otra opción,** continúe enfocado en mi mensaje y promoviendo servicios honestos.

El siguiente mes la misma empresa creó una compañía adicional "Fantasma" ya que no había un registro ni una licencia para trabajar, solo la crearon para atacar y hacer su campaña sucia con un solo propósito… DESTRUIR.

Salía uno de mis comerciales, y ellos de alguna manera consiguieron que esa radio en particular pusiera un comercial de su empresa, seguido por el mío y enseguida como un "sándwich" la otra empresa fantasma creada por ellos mismos seguían atacando a mi empresa con otro comercial adicional.

Nada de lo que hacían les funciono, nada me quito el enfoque, ni mi decisión de triunfar **como si mañana no existiera**. (en realidad en mi mente no existía un mañana)

No había otra opción…

Esa empresa y sus tácticas de miedo, intimidación, publicidad excesiva, deseos de destruir no se explicaban ¿como seguía vivo?

Se olvidaron que el sistema de ventas, técnicas de mercadotecnia que ellos usaban fueron extraídas de mi conocimiento en un principio, antes de que hicieran sus acciones crueles con casi todos los empleados que tenían realmente **"valor"**

Adicionalmente, mi deseo de triunfar y completar algo **Inevitable** era demasiado poderoso.

Yo sabia mas que ellos y tenia una **DECISION HECHA.**

Los gerentes de ventas en esas radios estaban **"deleitados"** ya que las ganancias para ellos eran **"totales"**

No daré números exactos pero como idea hipotética se gastaron mas de $250,000.00 en menos de 3 meses, en el segundo cuarto del año. (las radios lo describen así: Primer cuarto de Enero-Marzo. Segundo cuarto de Abril-Junio y así consecuentemente)

Podrán imaginar cuantos miles gasto la otra empresa en su campana publicitaria destructiva con dos compañías y cada una gastando lo mismo o mas..

Ahí no termino todo..

Los tornillos de las ruedas de mi auto fueron aflojados, (nada agradable que salga una llanta volando en la carretera)

Recibimos una amenaza de bomba.. así es.. la ciudad envió a un cuerpo especializado a remover un sobre con mensaje de odio en el frente de este y dejado en nuestra puerta, evacuaron toda la cuadra, y mas de medio día de trabajo se perdió mientras que el robot anti bomba destruía el paquete.

La policía investigo, varios nombres fueron proporcionados.

En realidad, no se supo, ni se sabrá quien o quienes fueron los autores intelectuales de las acciones anteriores.

Nunca me importo..

Nada de lo ocurrido funciono para hacerme desistir de mi decisión.
Ponga atención a lo siguiente..

Circunstancias cambian, decisiones no.

Poco a poco todo empezó a regresar a la normalidad y de manera milagrosa retiraron los ataques.

Al no poder eliminarme como competencia esa empresa desistió de continuar sus tácticas destructivas hacia mi empresa.

Se que tuvieron problemas serios después entre ellos mismos y varios socios fueron intercambiados y ahora los dueños actuales siguen en el mercado haciendo un buen trabajo.

Les deseo lo mejor siempre…

Un par de meses después, casi 8 meses tras haber recibido la notificación medica de potencial cáncer en el hígado, llego la cita en el hospital para la evaluación final.

Los especialistas necesitaban evaluar el área afectada y saber cuanto había avanzado la enfermedad y que pasos ellos seguirían para mi tratamiento.

Un día antes recibí instrucciones a seguir y líquidos que debería tomarme la noche anterior y por la mañana.

Cuando llegue al hospital el doctor y la enfermera me prepararon y me dijeron que tal vez perdería el control de intestino y vejiga cuando el examen estuviera siendo hecho. Que el hacerse del baño u orinarse sin poder controlarlo era una posibilidad pero que no me preocupara ni que me fuera a sentir mal si esto ocurría.

Me subieron a esta maquina que semejaba a una silla-cama larga con brazos en donde mis brazos descansarían.

Me sujetaron los brazos con un tipo de abrazaderas para evitar que me moviera..

Me prepararon con agujas en cada brazo y varias mangueras estaban distribuidas.

La maquina o silla tenia a los lados tubos con líquidos verdes y de otros colores (al menos es lo que recuerdo) estos tubos tenían hidráulicos que controlaban la inyección de los líquidos que serian impulsados en mi cuerpo y así poder ver el interior de mis órganos, incluyendo el órgano principal en cuestión "mi hígado."

En ese cuarto había otro cuarto lleno de pantallas especiales en donde varios médicos especialistas harían su evaluación, diagnostico, y tratamiento si es que "la enfermedad no había avanzado o expandido" en lo cual no se podría hacer mucho mas que prolongar.

La recomendación medica cuando alguien tiene algo serio generalmente es..

"ponga sus asuntos en orden"

No existe mucha simpatía ni manera mas suave de decirle esto a un paciente por parte de la mayoría de los doctores.

Fui sedado y el examen comenzó.

Los hidráulicos inyectaban químicos y líquidos en mis venas.

Un ardor se sentía en todo mi cuerpo al sentir el veneno de los líquidos invadiendo mis venas.

Como un robot los hidráulicos y los doctores continuaron examinando, solo podía escuchar a lo lejos voces, cuchicheos y las puertas que se abrían, se cerraban y después de un rato…

Perdí el conocimiento.

Abrí mis ojos en el cuarto del hospital, estaba preocupado ya que muchas horas habían pasado y no sabia nada de la oficina.

Tampoco permití que nadie me acompañara, simplemente era mi destino encarar mi futuro y mi propio destino.

La enfermera entro y me miro con una sonrisa de simpatía.

Le pregunte inmediatamente de mis resultados y me contesto que ella no podía comentar al respecto.

Le pedí hablar con el doctor el cual yo estaba seguro que me daría una respuesta.

La enfermera me dijo que el doctor y los especialistas ya se habían retirado y que debería esperar por una cita.

Como podrán imaginarse, la incertidumbre y el sufrimiento mental en ese momento continuó ya que por mas de 6 meses evite pensar en mi enfermedad y cuando finalmente tenia el examen, los doctores se habían retirado.

En ese momento le deje saber a la pobre enfermera mi sentir y explote en llanto..

Se salió de la habitación y me dejo solo, me dijo que me había dado un sedante y que en un par de horas si lo deseaba el doctor de turno podría darme de alta para que me fuera a mi casa.

Eso hice pero no me fui a casa, me fui a mi oficina en donde "nadie me esperaba"

Debía mantener mi mente ocupada.

Al llegar a mi oficina, empleados estaban haciendo lo que querían, no estaban trabajando, y la persona a la cual yo deje encargado no estaba.

Esta persona era alguien de mi familia, el cual yo quería y apreciaba, sabia que estaba en el hospital y me decepciono al descubrir sus acciones las cuales fueron totalmente irresponsables e inmaduras.

Es importante que sepa que en los negocios **la familia podría ser la que mas nos puede decepcionar, especialmente si existen personas que envidian y desean lo que usted ha creado**.

Comparto estas líneas solo como una lección que debe de ser considerada.

Agradezco a ese familiar querido por la gran lección que aprendí con sus acciones inmaduras y deshonestas. **Le deseo lo mejor.**

A la semana siguiente recibo una llamada de mi doctor. La enfermera me había contactado y me puso en espera mientras que el doctor venia al teléfono.

Esos minutos fueron eternos, mis manos temblaban.

Finalmente el doctor estaba en la línea, se disculpo por haberme dejado en el hospital pero me explico que los resultados finales deberían de ser analizados y que en ese momento nada se podía hacer, me pregunto como me sentía y desesperadamente no pude mas e interrumpí al doctor diciéndole con mi voz temblorosa.

"POR FAVOR DIME YA EL RESULTADO, NO PUEDO SEGUIR ESPERANDO"

El silencio se apodero de la línea y el doctor me dijo.

"Eduardo, tus exámenes, tus resultados, tu diagnostico es NEGATIVO"

Llorando y gritando volví a interrumpir al doctor diciendo.

"ESO YA LO SE, QUE ES NEGATIVO, ¿CUÁNTO TIEMPO ME QUEDA?"

El doctor entonces me dice..

"Eduardo, tu no estas entendiendo, el resultado es NEGATIVO AL CANCER, nada de lo que tenias existe mas ¡desapareció estas bien! ¡Vas a estar bien!

Por segunda vez…!Estaba en shock!

No sabia que decir, no sabia que pensar.
Dios Creador, Mi Fuente, El Universo me había dado otra oportunidad..

En ese momento sentí nuevamente..

El Deseo Interno y absoluto de Triunfar, sintiendo que no existe otra Opción.

Pero ahora también sentí..

El ser Agradecido.

Los milagros si existen.

Hasta este momento continúo apreciando y me siento agradecido por cada dia nuevo en mi vida.

Cada vez que respiro es un milagro.

Por favor, es importante que comprenda el concepto de..

Ser Agradecido

Agradezca por todo y será exitoso.

Quéjese y sea no agradecido y prepárese para encontrar mucha dificultad en el camino del triunfo.

El concepto del agradecimiento cubre muchísimas cosas y tiempo. En este libro no tenemos el tiempo para cubrirlo.

Pero deseo con mi corazón que pueda considerar el concepto de agradecimiento.

Este ultimo capitulo decidi incluirlo en el ultimo momento, lo hice porque sentí que podría ayudarle a conocer uno de los secrertos mas importantes para poder triunfar en la vida y en el mundo de los negocios.

La decisión, el deseo, la determinación, el enfoque, el conocimiento y muchos de los conceptos que cubrimos en este libro deben de ser ejercitados decisivamente y por un periodo de tiempo largo para ver resultados.

Recuerde que todo requiere trabajo.

Deseo que usted pueda implementar los dos conceptos en este ultimo capitulo ya que lo que me ocurrio en mi vida fue un factor determinante en el éxito contundente que obtuve.

Gracias a Dios Creador, Mi Fuente, y al Universo por toda la enseñanza recibida.

Gracias a la vida por toda la experiencia que he recibido al continuar practicando los conceptos mencionados en este libro y en este ultimo capitulo.

¡GRACIAS, GRACIAS, GRACIAS!

"El agradecimiento es éxito. El quejarse y buscar excusas, siempre llevara al fracaso."
Eduardo George

Epílogo

Y ahora que usted a aprendido estos conceptos vitales.. ¿sabe a donde se dirige con su negocio?

Quiero felicitarle por haberse dado el tiempo de leer y haber llegado hasta aquí.

Ahora que usted ya ha sido expuesto a algunas de las técnicas, conceptos e ideas más potentes y efectivas para tener éxito en los negocios…

¿Cree usted que podrá implementar?

Pero sin importar lo buenas y efectivas que estas ideas sean, el solo estar expuesto a ellas no es suficiente…

Usted deberá hacer algo con estos conceptos e ideas para sacar el mayor provecho del material proporcionado en este libro.

Podría considerar el desarrollar un plan de acción por pasos, un plan de trabajo.

Un plan efectivo que produzca resultados debe consistir en cinco áreas vitales.

Ponga atención..

1. LA EVALUACIÓN.

Las ideas no son nada más que **"ideas"** hasta que estas hallan sido puestas en acción.

Una vez que haya hecho algo con estas ideas, tendra el potencial de cambiar completamente la dirección de un negocio que esté en apuros o ayudar a un negocio exitoso a hacerse mucho más dinámico y productivo.

Pero antes de correr e implementar una nueva idea, primero debe tomarse el tiempo de evaluar su negocio, determinar cómo funciona para identificar en qué áreas necesitan más ayuda (saber sus áreas fuertes y sus áreas débiles) y en qué áreas podría usar más atención.

Usted tiene el potencial de sacar el mayor provecho a su negocio si tan solo se toma el tiempo de identificar y trabajar primero en el área en que usted identifique que tiene sus mayores necesidades.

2. LA INVESTIGACIÓN.

Una vez haya identificado sus mayores necesidades y las coloque en un orden de prioridad, usted podrá empezar a buscar cuales son las soluciones disponibles.

Esté al acecho de oportunidades.

El material en este libro que le proporciona información es solo el inicio de fuentes o lugares en los que podrá encontrar ideas buenas, útiles y prácticas efectivas.

No rechace ideas solo porque piense que quizá no apliquen a su negocio, producto, servicio o a la forma en que este opera.

Captúrelas y aplique el paso tres.

3. LA PERSONALIZACIÓN.

A medida que encuentra nuevas ideas, mantenga la mente bien abierta, estúdielas, analícelas y piénselas bien.

Pregúntese a usted mismo si puede aplicarlas a su situación específica con tan solo cambiar o modificar una parte del concepto o idea podría beneficiarse y aumentar sus ganancias.

Si una cierta ilustración o ejemplo usa un cierto tipo de producto o servicio pero usted no vende ese mismo producto o servicio, quizá todo lo que necesita es un simple ajuste.

PERSONALIZACION A SU PRODUCTO O SERVICIO.

El material en este libro está diseñado para ilustrar conceptos y solo usa ciertos tipos de productos como ejemplos para ilustrar los puntos mencionados en estos.

4. LA IMPLEMENTACIÓN.

De igual forma en que una membresía de un club de salud (gimnasio) no haría nada por su propietario a menos que vaya al club y participe en el programa de ejercicios, la información en este libro no hará nada por usted si usted no **IMPLEMENTA**.

No tendrá ningún uso práctico a menos que usted lo implemente.

Es fácil inventar nuevas ideas y desarrollar planes, pero en donde la mayoría de las personas se enredan, se confunden y pierden entusiasmo es en el momento de ponerlas en acción.

No siempre es fácil, pero si realmente usted quiere ser exitoso, debe hacer lo necesario para poner en marcha sus planes.

5. LA REVISIÓN.

Después de haber trabajado con sus ideas por un tiempo, deténgase y evalúe cómo están yendo las cosas, si hubo una mejoría o un cambio positivo.

Quizá necesite hacer algunos ajustes para que pueda continuar viendo resultados positivos.

Algunas veces, una idea que pensó que era muy buena, no funciona y eso está bien, es normal.

No siga usándola.

Elimínela y siga con otra idea que si esta funcionando.

Por otro lado, si encuentra una idea que funciona bien, mire si puede refinarla o añadirle algo para hacerla más efectiva.

Eso es todo lo que tiene que hacer.

Suena bastante sencillo pero en realidad, hay mucho por hacer.

El hecho es que la mayoría de la gente no se tomará el tiempo y el esfuerzo de hacer las cosas que hemos discutido.

Eso es muy desafortunado porque podrían ser más exitosos de lo que son actualmente si estas personas en realidad se decidieran a actuar.

Estas situaciones podrían ser causadas por bloques mentales y en el subconsciente de cada persona.

El curso maestro del éxito de un servidor Eduardo George a ayudado a miles de personas a saber como mejorar, remover esos bloques y cambiar el estatus mental para poder enfocarse a implementar y buscar el triunfo.

Por otro lado, su falta de acción física y motivación para tomar acción es algo que retrasaría su éxito y el triunfo en los negocios.

Lo que si es bueno para usted es que si aplica estas técnicas y usted se decide a **"hacer"** estas cosas en lugar de su competencia, entonces será usted quien consiga el éxito.

Ahora tiene las armas para ir a la guerra , tiene las herramientas para irse a trabajar y crear un mejor futuro.

Te digo a ti con el corazón y mi mejor intención..

¡TU PUEDES, HAZLO!

Sinceramente con mucho amor.
Los quiero a todos…

Tu amigo y mentor.

Eduardo George